決定版
カーネギー

話す力

自分の言葉を引き出す方法

Public Speaking:
A Practical Course for Business Men
Dale Carnegie

D・カーネギー
東条健一 訳

新潮社

話す力

自分の言葉を引き出す方法——目次

第4章

思考と説得力を強化する方法

第9章

聞き手を味方に変える技術

第10章

「話す力」を発揮するために不可欠な3つのこと

本書は1926年に
アメリカで刊行された
Dale Carnegie
“Public Speaking; A Practical Course for Business Men”
ASSOCIATION PRESS
初版本を新訳・再編集したものです。

第1章

あなたも必ず「話す力」を獲得できる

「話す力」は練習すれば短期間で身につく

私は7千人を超えるビジネスマンに話し方を教えてきました。受講生にはいつも、受講理由とともに授業で何を学びたいのかを訊いていますが、ほぼ全員が同じように答えます。

「人前に出るとあがってしまい、パニックで頭が真っ白になって何を言っていいかわからなくなってしまう。それを改善したい」

「自信を持ち、落ち着いて、すばやく考えをまとめられるようになりたい」

「業界の集まりや講演会で、論理的に説得力のある話をしたい」

講座を受講した男性、ゲント氏の話を紹介しましょう。開講後まもなく、彼は私を昼食に招いてくれました。彼は活動的な中年男性で、企業を経営し、教会や市民活動でもリーダー的存在でした。昼食をとりながら、彼は身を乗り出すようにして言いました。

「これまでいろいろな集まりで話をするように頼まれてきたのですが、一度も引き受けたことがありません。心臓がドキドキして、何も言葉が浮かばないんです。だから、ずっと避けてきました。ですが、大学の理事会で議長を務めることになったので、会議を取り仕切らなければなりません。とにかく話をしないといけないんです。この歳になって話し方を身につけられると思いますか？」

「私がどう思うかなんて関係ありませんよ。**もちろんできます。指示に従って練習しさえすれば**」。私はそう答えました。

「先生はやさしいから、そう言って励ましてくださっているだけでしょう」。彼には、私の答えが楽観的すぎるように聞こえたのかもしれません。

短期間でも最高レベルに到達できる

講座終了後しばらくして、私は彼と再会し、同じ店で昼食を共にしました。テーブルも前回と同じ。彼に、前回の私の回答は楽観的すぎたか聞いてみると、彼は赤い背表紙の小さな手帳をポケットから取り出して、予定表を見せてくれました。そこには、訪米中の英国首相が出席する予定のワシントンの大規模な集会で、彼が首相を参加者に紹介する日の日付が記されていました。

かつてこの同じテーブルで、自分は人前に出るとドキドキして何も言葉が浮かばないから一度もスピーチを引き受けたことがない、と深刻な表情で語っていたゲント氏がです。

訓練すれば、「話す力」はいつでも、何歳からでも身につけられる

1対1なら話せるのに、なぜ複数の人の前では話せなくなるのか

これほど急速な進歩はレアケースでしょうか？　いや、そんなことはありません。似たようなケースは実に多いのです。

数年前、ブルックリン在住のカーティス医師は、冬の間だけメジャーリーグの練習場のそばに滞在していました。カーティス医師は熱狂的な野球ファンで、たびたび練習を見に行っていました。やがてチームのメンバーと親しくなり、パーティに招かれたときのことです。コーヒーとナッツが提供されたあと、予期せぬことが起こりました。司会者がこう言ったのです。「今夜は、お医者さまがいらしています。カーティス先生、野球選手の健康について話してください」。

30年以上患者を診てきた彼にとって、この話題は隣に座っている人が相手であれば一晩中でも話し続けることができたでしょう。しかし、たとえわずかな人数であっても、人前に立ってスピーチするとなると身がすくみました。想像するだけで心臓の鼓動が速くなります。

これまで彼は聴衆を前に話したことはありません。頭のなかが真っ白になりました。

どうしたらいいだろう？　拍手が起こり、みんなの視線が自分に集まります。彼は頭を横に振って辞退しようとしました。しかし、拍手は大きくなり、さらに熱心に促されます。「カーティス先生、スピーチをお願いします！」という声がさらに大きく、何度も何度も繰り返されました。

惨《みじ》めでした。もし立ち上がったとしても、ほとんど何も言えずに終わるに決まっている。そう思った彼は席を離れ、無言のまま友人たちに背を向けると、困惑と屈辱を抱えたまま部屋を出て行ってしまいました。

人前で話す力は、思っているより簡単に手に入る

その後、ブルックリンに戻った彼は、まっさきに「話し方講座」に申し込みに来ました。当然です。二度とあんな目に遭うつもりはありません。

彼の熱心さは、教師を喜ばせるほどでした。話ができるようになりたい、という思いは生半可なものではなかったのです。念入りに原稿を準備し、強い意志をもって練習を重ね、一度も欠席しませんでした。

こうした努力がどういう結果をもたらすかは決まっています。驚くほどの速さで上達し、

望んだ以上の成果を上げました。緊張は最初の数回で消えました。だんだん自信が出てきます。2カ月後には、グループのなかでもっとも優秀な話し手となり、外部からスピーチの依頼が来るようになりました。彼のスピーチを聞いたニューヨークの共和党所属の政治家は、応援演説を依頼してきました。彼がわずか1年前、人前で話すことに怖《お》じ気《け》づいてパーティ会場から逃げ出していたと知れば、その政治家はどんなに驚いたことでしょう。

自信や勇気を持つこと、そして人前で冷静に考えをまとめながら話す力を手に入れるのは、一般に思われているより、ずっと簡単なことなのです。一部の恵まれた人にだけ神が与えた才能ではありません。ゴルフをプレーするようなもので、本気で望めば、誰でも眠っている力を伸ばすことができるのです。1対1の会話ならできるのに、複数の人の前に立たされると急に話せなくなる理由があるでしょうか？　もちろん、あるはずがありません。聞き手がいることでさらに刺激を受け、ひらめきを得て、思考がより鋭く明晰になっていくことは、多くの講演者が経験しています。

あなたも同じ経験をするでしょう。ただし、それには練習を重ねる必要があります。

聞き手がいるほうが、思考は鋭くなる

どんな偉人でも、最初はうまく話せなかった

自分が話す力を獲得するのは他人よりずっと難しい、などと考えてはいけません。時代を代表するような弁舌家も、最初は強い恐怖と自意識に苦しめられていたのですから。

老練な政治家として知られたブライアンも、最初の演説では膝《ひざ》が震えました。

文豪マーク・トウェインは、初めて人前で講演をしたとき、口の中がカラカラになり、レースでもしたように脈が速くなったといいます。

南北戦争の英雄グラント将軍は、軍隊こそ勝利に導きましたが、聴衆の前で話をするときは身体が麻痺してしまったように感じたと告白しています。

当時フランス一の雄弁家といわれたジャン・ジョレスは、下院議員となってから最初の1年は、演説をする勇気がありませんでした。

英国の名宰相ロイド・ジョージはこう述べています。「初めての演説はさんざんだった。大げさに言っているのではなく、最初は舌がもつれて言葉が一つも出てこなかった」。

アイルランドの政治指導者チャールズ・パーネルも演説を始めた最初の頃は、緊張で拳を固く握りしめて、爪が手のひらに食い込み、出血するほどだったそうです。

有名な演説家の多くが最初は惨めな姿をさらしているので、英国議会では、若手議員の最初のスピーチが成功するのは、むしろ不吉な前兆とさえ考えられています。このように、誰でも最初はうまくいかないものですから、落ち込む必要はありません。

責任感で緊張するのは当然

私は、多くの人々のたどった道を見守り、その上達をサポートしてきた経験があるので、受講生が最初は口ごもったり、あがったりしているのを見ても、当たり前のこととしか感じません。むしろ、その後の上達を予期して、安心感すら覚えます。

20人程度の聞き手を前に仕事の打ち合わせをするだけだとしても、人前で話すことには責任が伴います。緊張したり、動揺したり、気持ちが高ぶったりするのも当然です。

そもそも、どれほど場数を踏もうと、責任感から緊張してしまうのはしかたありません。チャーリー・チャップリンは、ラジオに出演するとき、話すことをすべて文章に書いてもらっていました。もちろん観衆の前に立つのには慣れていましたが、スタジオでマイクに向かうと、荒波に揺られたかのように胃がおかしくなったのです。

映画俳優であり監督でもあるジェームズ・カークウッドは舞台の上ではスターでしたが、スタジオで見えない聴衆に向かって話をしたあとは額から汗が流れ落ちていました。「これに比べれば、ブロードウエーの初日なんて大したことない」そうです。

リンカーンの演説は、いつも始まりはぎこちなかったそうです。法律事務所の共同経営者だったハーンドンはこう言っています。

「最初はとても恥ずかしそうに見える。自分は場違いな人間ではないかという思い込みでさらに緊張していた。私はそういう場面を何度も目にして、気の毒に思ったものだ。彼の話は、最初は声がうわずり甲高くて不快だ。仕草や姿勢、皺《しわ》だらけの浅黒い肌、奇妙な態度、変わった動きなど、ダメなところだらけだ。だが、それらもやがておさまってくる」

そして、落ち着きと温かさとひたむきさを取り戻したところからが、彼の演説の真骨頂となるのだそうです。

話術の達人と言われる人でも、決して楽々とこなしてきたわけではありません。彼らがほかの人と違うのは、勇気をもってやり遂げたという事実です。それはあなたにも可能です。

緊張や動揺は当たり前。勇気を持ってやってみよう

第2章

「話す力」を最大限に得るために必要な4つのこと

ルール1
能力の獲得を、強く望み続ける

「話す力」を最大限に、しかもなるべく短期間で獲得するために、4つのことを胆に銘じてください。

まずは能力の獲得を強く望み続けること。これは、あなたが考える以上に大切なことです。あなたの願いが深いものであるほど上達が早くなるのは間違いありません。強く望まないなら上達もそれほど望めないでしょう。猟犬のように精力的に粘り強く努力すれば、克服できないものはありません。

その結果、どんないいことが起こるか考えてみましょう。自信と説得力に満ちた「話す力」を身につけると、仕事上どんな意味が生まれるでしょうか？　経済的にはどんな意味を持つでしょう？　社会的にどんな意味が？　どんな友人ができますか？　あなたの影響力はどのように強まるでしょうか？

リーダーへの近道として「話す力」の獲得に勝るものはありません。**これは人に認められ**

キャリアを築く最短の方法であり、誰にでも獲得できるものです。

どれほどキャリアや富を得た人でも、さらにその力が欲しくなります。大富豪のフィリップ・アーマーは「偉大な資本家になるよりも、偉大な演説家になりたい」と言いました。

鉄鋼王アンドリュー・カーネギーの死後、遺された書類のなかに彼が33歳のときに描いた人生プランが見つかりました。そこには、2年後には経営する会社の年間収益が目標を超えるので、35歳になったら引退してオックスフォード大学に行き、ちゃんとした教育をうけなおして「とくに話し方の勉強に力を入れたい」と記されていました。

挫折しないために、得られることの意味を考える

新たに手に入れた能力を発揮したときに得られる満足感と喜びを、想像しましょう。聴衆の前に立って自分の考えを話すときほど、真の満足感を得られる瞬間はありません。そこには、活力とパワーと達成感をあなたに与える魔法と興奮があります。

「話を始める2分前は、ムチで打たれてもやりたくないが、話を終える2分前は、銃で撃たれても話を止めたくない」と言う人もいます。

何を学ぶにしても、やる気を失ったり、脱落したりする人はいます。ですから、本書を読んで学ぶことが、どんな意味を持つことになるかを常に考え、気持ちを奮い立たせてくださ

い。この本の内容に熱意を持って取り組み、その熱意を、最後まで持ち続けてください。本書を学び始めたことを、友人たちにも知らせましょう。1週間のうち1日は、夜の時間をスピーチの練習に充てましょう。前進をできるだけ容易にし、撤退をできるだけ難しくするのです。

本書で得られることの大きさを理解する

ルール②

何を話したいのか決めてから話す

自分が何を話すべきかをわかっていなければ、聞き手と向き合ったときに自信が持てません。まるで目が見えないのに、目の見えないほかの人を先導しているようなものです。そうした状況では人前に立つことを恐れますし、人前に立ったことを後悔し、自分の無知を恥じることになります。セオドア・ルーズベルトは自伝のなかでこう記しました。

私は1881年の秋、下院議員に選出された。そこでは最年少だった。若手や新米議員がみなそうであるように、私もなかなか演説ができるようにならなかった。地方出身のやり手の老人がアドバイスをくれた。彼は無意識にウェリントン公（ナポレオンを破った英国屈指の軍人）と同じことを言った。おそらくウェリントン公自身も誰かの受け売りだったろうが、それはこんなアドバイスだった。「**何かを言いたいならば、自分が何を言うべきかわかるまで待て。それからそれを言って、腰を下ろしなさい**」。

緊張をほぐすには、何か目的をもった動作を行なう

自信を持って話すには、緊張をほぐす方法も覚えておくといいでしょう。

聴衆の前で何かを見せる、黒板に文字を書く、地図上の1点を示す、テーブルを動かす、窓を開ける、本や書類の位置を変える、といったような動作です。

このように何か目的をもって自分の身体を動かすと、緊張をほぐす手助けとなります。最初は、何か理由がないと人前で自分の身体を動かすことが難しいように思うかもしれません。そういうときは、無理にやらなくてもかまいません。

「やれそうだったら、やってみる」。まずはその程度の気構えで試してみてはいかがでしょうか。緊張をほぐす動作を加えることを難しく感じるのは、最初の何回かだけになるはずです。赤ん坊でも、いったん歩けるようになれば、いつまでも椅子にしがみつきはしません。あなたも何度か試せば、こうした動作が自然とできるようになり、どんなときでもすぐに緊張から脱することができるようになるはずです。

自分が何を言おうとしているかがわからなければ、自信は持てない

ルール③ 自信があるように振る舞う

アメリカが生んだもっとも有名な心理学者であるウィリアム・ジェームズ教授は次のように述べました。

「**行動は感情に従うようにみえる。しかし行動と感情は同時に起こる。**よって意思の力が効きやすい行動のほうをコントロールすれば、意思の力が効きにくい感情のほうも間接的にコントロールできることになる。気持ちが沈んでいるときは、背筋を伸ばし、明るく振る舞うのが一番いい。同じく、勇気が必要なときは、勇敢に振る舞えば、自動的に恐怖心が勇気に変わる」

ジェームズ教授の助言を取り入れてみましょう。聴衆を前に勇気を出さなければならないときは、勇気があるかのように振る舞うのです。もちろん、何も準備をしていなければ、どんなことをしても効果はほとんどありません。しかし、前提として何を話すべきかがわかっているなら、まずは前に進み出て、深呼吸をしてみましょう。聴衆に向き合う前に、30秒間、大きく息を吸って吐く。酸素の供給量が増えて、気持ちが高ぶり、勇気が湧いてきます。歴史に残る偉大なテノール歌手ジャン・ド・レシュケもよくこう言っていました。「深呼吸をすれば『腹が据わり』、不安は消える」と。

勇気がなければ、勇気があるように振る舞えばいい

中央アフリカのプール族の青年は、成人して妻を迎えるとき、ムチ打ちの儀式を受けなければなりません。

部族の女性たちが集まり、ドラムのリズムに合わせて歌い、手を叩く。上半身裸の花婿候補の青年が前に進み出ると、突然、ムチをもった男が青年の裸の肌を、敵に対するかのように激しく打ち始める。みみず腫れができ、皮膚が裂けて血が流れる。一生消えない傷ができる。その間、長老が青年の足元にかがみ込み、青年が身体を動かしたり、苦痛を感じていることを示したりしていないか確かめている。この試験に合格するには、青年はこの間、ただ苦痛に耐えるだけではなく、ほがらかに神を称える歌を歌い続けなければならない……。

どの時代でも、どの国でも、勇気は称賛されます。あなたの心臓の鼓動がいかに激しくなっていようと、試練の儀式に臨む中央アフリカの青年のように勇気を持って前へ踏み出し、動じずにその場を楽しんでいるかのように振る舞ってみましょう。

胸を張り、聴衆の目を見つめ、自信を持って話し始めましょう。目の前にいるのは自分から借金している人たちで、返済を延ばしてもらうよう頼みにきているのだと想像してみましょう。その心理的効果はかなり大きいはずです。

恐れない演技を続けると、現実になる

ルーズベルト大統領は、いかにして独特の勇気と自信を身につけたのでしょうか？　生まれつき大胆で不屈の精神を持っていたのでしょうか？　そんなことはありません。彼は自伝のなかで、自分を「病弱で神経質で、勇気があるとは言えなかった。身体だけでなく、精神や気持ちも大いに鍛える必要があった」と言っています。

ありがたいことに、自伝にはその後、彼がどう変わったかも記されています。

――子供の頃、いつも大好きだったマリヤットの小説の一節を読んだ。イギリスの小さな軍艦の艦長が、主人公に勇気を出す方法を説明する場面がある。たいがいの人は行

動を起こすときに恐れを抱くが、艦長は、自制心を働かせて、**恐れなど感じていないかのように振る舞う。やがて演技が現実になる。恐れていない振りをすることで、恐怖心がなくなる**のだ。

これが私の基盤となった。最初はグリズリー、暴れ馬、銃を持った男たちなど怖いものがたくさんあったが、それらを怖くない振りをすることで、恐怖心が消えていった。ほとんどの人もその気になれば、同じことができるはずだ。

あなたも本書で学べば同じ体験ができます。戦場では攻撃こそ最大の防御です。自分の恐怖心を攻撃しましょう。どんなときでも思い切って恐怖心と対峙し、それを征服しましょう。相手に伝えるべきメッセージを考えたら、あとは自分自身を郵便の配達員だと思えばいいのです。誰も配達員には注意を払いません。欲しいのは手紙であり、大事なのはメッセージです。メッセージを伝えることに集中しましょう。しっかり覚え、心から信じるのです。熱意を込めて話します。そうすれば、まわりの状況も自分自身も、コントロールできます。

恐れなどないように振る舞うと、心もそれに従う

ルール④ 実際に練習する

この最後のポイントがもっとも重要です。ここまで読んだことは忘れてしまったとしても、これだけは覚えてください。あとにも先にも、**人前で自信を持って話せるようになる唯一確実な方法は、話し方の練習を重ねること**です。練習だけは欠かしてはいけません。

「初心者は神経が極度に興奮しやすい」と、ルーズベルトは言っています。「それは臆病という意味ではない。初めて大勢の聴衆の前で話すときは、初めての猟でシカを見たり、初めて戦場へ出たりするときのように興奮することがある。そんなときに必要なのは、勇気ではなく自制心と冷静さだ。それは実践でしか身につかない。自己を律する練習を繰り返すことで、自分をコントロールする。努力を重ね、練習を繰り返すことが必要なので、習慣の問題でもある。そうした資質があれば、練習のたびに強くなるだろう」。

人前で話す恐怖から逃れたいですか?

ではまず、なぜ恐怖が起こるのかを考えてみましょう。著名なジェームズ・ロビンソン教授は主著『思考の生成』のなかで、「恐怖は無知と不安から生まれる」と述べています。つまり、恐怖とは自信のなさから起こるのです。

それは、自分が本当は何ができるかを知らないことが原因で起こります。そして、それは単に経験不足が原因です。成功体験を重ねれば、初夏のまぶしい陽のもとで夜霧が消えていくように、恐怖は消えていきます。

確かなことは、泳ぎを覚えるには水に飛び込まなければだめだということです。もうここまで読めば十分でしょう。しばらく本を閉じ、実際に行動を起こしてみてはいかがでしょうか。

まずテーマを決めます。ある程度、知識があるものがいいでしょう。それを3分間のスピーチに仕立て、一人で何度も練習しましょう。

そして、実際にスピーチをしてみるのです。可能であれば聞いてもらいたい相手の前で、あるいは何人かの前で。全力を傾けて取り組んでみましょう。

練習して成功体験を重ねていこう

第3章

伝わるメッセージを生み出す「準備」の方法

十分な準備ができた時点で、9割成功している

本物のメッセージを持つことが、「話す力」を得る秘訣の半分

私は仕事として、そして楽しみとして、毎年およそ6千のスピーチを聞き、批評してきました。それによって何よりも深く心に刻み込まれたのは、話す前の準備として、わかりやすくはっきりと話せる事柄、人の心を動かす事柄、言わずにはいられない事柄を持つことの必要性です。**知的にも感情的にも人に伝えたい本物のメッセージがあり、それを真摯に語る話し手に、私たちは知らず知らず引き込まれます。**これは、話す力の秘訣の半分に相当するポイントです。

そうしたよく準備されたメッセージを聞くとき、私たちは大事なことに気づきます。それは、準備されたスピーチは、話し手がごく自然に語っているように感じられるということです。スピーチは準備がよくできた段階で、すでに9割方は成功なのです。

多くの受講生は、自信と勇気と自主性を獲得したいと願っています。その一方で、多くの人がスピーチの準備をしない、という致命的な過ちをおかしています。濡れた火薬と空の薬莢《やっきょう》しか持たずに、どうやって恐怖という歩兵や、不安という騎兵たちを制圧することができるでしょうか？　そうした状況では、聴衆を前に穏やかな気持ちでいられるはずがありません。

リンカーン大統領は在任中にこう言っています。「私はどんなに老いぼれたとしても、話すことがないのに臆面なく話すようなことはしない」。

準備が半分なら、半分裸も同然

自信を持てるようになりたいなら、そのために必要なことをするべきです。イエスの使徒ヨハネはこう言いました。「完全な愛は恐れを追い払う」。完全な準備も同じです。半分しか準備をしていないのは、半分裸で聴衆の前に立つのと同じです。

あなたには入念に準備をしてほしいのです。準備とはどういうことか、どうしたらうまくいくかがよくわからない人もいるかもしれません。時間がない、と訴える人もいるでしょう。そこで、本章ではこの問題についてじっくりと考えてみることにします。

本当に伝えたいメッセージを見つける

真の準備とは、自分のなかにあるものを引き出すこと

準備とはなんでしょうか？　本を読むことでしょうか？　それも一つですが、最良の方法ではありません。読書は役に立つかもしれませんが、本のなかの一節を山ほど抜き出して、それをそのまま自分のもののように話したところで、話の仕上がりには何かが足りないように感じられます。聞き手は、そこに何が足りないか具体的にはわからないかもしれません。しかし、話し手に共感することはないでしょう。

少し前、私はニューヨークにある銀行の上級管理職向けに話し方の研修を行ないました。忙しい人たちですから、適切な準備をするための時間がなかなか見つけられません。

しかし、彼らはそれまでの人生で、独自の考えや信念を積み上げ、独自の視点を持って、独自の経験を重ねてきています。つまり、ある意味でスピーチの題材を40年間、蓄えてきたのだとも言えるはずです。それなのに、そう考えることができない人がいるのです。森を見るだけで、木々のつぶやきに耳を傾けることができないのです。

研修は毎週金曜日の午後5時から7時に行なわれていました。ある金曜日、研修に参加するジャクソン氏は、4時半になったことに気づき、何を話したらいいのかと考えました。オフィスを出て、ニューススタンドでフォーブス誌を買うと、研修が行なわれる連邦準備銀行へ向かう地下鉄のなかで、「あなたが成功するには、あと10年しか時間がない」という記事を読みました。その記事にとくに興味があったからではなく、何かを話さなければならなかったからです。自分に与えられた時間を埋めることができるなら、なんでもよかったのです。1時間後、彼は立ち上がり、記事の内容をもっともらしく、おもしろおかしく話そうとしました。

その結果、当然のことが起きました。

考えは寝かせると成長する

彼は話そうとすることを自分のものにしていませんでした。単に何か話そうとして抜け道を求めただけで、そこに伝えたい真のメッセージはありません。それが態度にも声にもはっきりと現れていました。話し手自身が心を動かされていないのに、聴衆の心を動かせるはずがありません。彼はただ「記者はこう言っている」と言い続けるだけでした。フォーブス誌の名はうんざりするほど出てきましたが、彼の意見はまったく出てきませんでした。

そこで私は次のように言いました。

「ジャクソンさん、私たちは記事を書いた人には興味がないんです。その人はここにいないし、私たちには見えません。関心があるのはあなたとあなたの考えです。**ほかの人のことではなく、あなた自身がどう考えているかを話してください**。あなたのことをもっと語ってください。来週、同じ題材で話してみてはいかがでしょうか？　もう一度その記事を読んで、その記者に同意するかどうかを考えてみてください。同意するなら、記者の主張について検討し、あなた自身の経験にもとづいて説明してください。同意しないなら、その理由を述べてください。記事は、あなた自身のスピーチの出発点にとどめておきましょう」

ジャクソン氏はこの提案を受け入れました。彼は記事を読み直すと、その記事にはまったく同意できない、という結論を出しました。今度は地下鉄に乗りながら準備をするようなことはしませんでした。スピーチが育つのを待ったのです。それは彼の頭から生まれた子供であり、実際に彼の子供がそうだったように、大きく成長していきました。そう、自分の娘のように、気づかぬうちに一日、一日と成長していったのです。

新聞を読んでいるとある考えが浮かび、友人とその話題を話し合っているときに、突然、別の例を思いついたりもしました。1週間、時間を見つけては考え続けるうちに、内容は深まり、長さと厚みを増していきました。

ジャクソン氏が次にこの話題について話したとき、スピーチは彼自身のものになっていました。彼は、自分自身の鉱脈を見つけ、自分自身でコインを鋳造したのです。記事の主張に反対だったために、スピーチはさらに興味深いものになりました。ちょっとした反対意見を述べるのは、何よりも気持ちが高揚するものです。

同じ題材を同じ人が話したのに、たった1週間でまったく異なるものになりました。適切な準備をすることが、大きな違いを生んだのです。

自分の体験と考えを語る

もう一つやるべきこと、やってはいけないことを示している例をあげましょう。フリン氏はワシントンDCで開かれた講座の受講生でした。ある午後、彼は首都ワシントンを称えるスピーチをしました。とは言っても、彼が話したのは、イブニングスター紙が発行した宣伝パンフレットから慌てて集めた表面的な情報ばかりだったので、無味乾燥で、まとまりのない、中途半端なものでしかありませんでした。十分に考え抜いたテーマではありませんし、熱意もありません。話す価値があるものだとも感じていなかったでしょう。すべてがおもしろみに欠け、趣もなく、無益でした。

2週間後、フリン氏は心から怒りを感じました。公共の駐車場に駐めておいたキャデラックが盗まれたのです。フリン氏はすぐに警察へ行き、見つかれば謝礼を払うと約束しましたが無駄でした。こうした犯罪には対処しきれない、と言われたのです。だが、たった1週間前に、彼らはチョークを持って通りを歩き、フリン氏が駐車時間を15分超過したために罰金を科す時間はあったのです。こうした「チョーク警官」は人々を困らせるのに忙しくて、犯罪者を捕まえる暇がないのだ、とフリン氏は憤りを感じました。

いまや、フリン氏には語りたいことができました。イブニングスターのパンフレットから集めてきたものではなく、彼自身の生活と経験から飛び出してきた言葉です。**現実に生きる人間の一部であり、感情や信念をかきたてられる言葉**でした。

ワシントンDCを称えるスピーチでは一文一文を苦労して搾り出していましたが、今回は、立ち上がり、口を開くと、警察に対する批判がヴェスヴィオ火山の噴火のように湧き上がってきました。こうしたスピーチはうまくいきます。失敗することはほとんどありません。経験にもとづいた考えを述べているからです。

自分の考えや信じることを大切にし、育てよう

自分自身の考え方・アイデア・信念・衝動を収集しておく

話す準備とは、自分の意識を気にかけること

話すことを準備するとは、どういうことでしょうか？

立派な文章を書き起こし、暗記することでしょうか？　そうではありません。自分自身さえ心が動かないようなうわべだけの考えを集めることでしょうか？　もちろん違います。

準備とは、あなた自身の考え方とアイデア、信念、衝動をまとめることです。あなたにも考えていることや衝動があるはずです。目覚めているときに考えたり感じたりすること、眠りのなかに潜り込んでくること、そうした感情や経験をたくさん持っているでしょう。それらは海辺の小石のようにぎっしりと意識の奥に詰まっているはずです。

それらのなかでもっとも心に訴えかけてくるものについて、考え、気にかけ、再考し、選

び、磨いて形にし、自分自身のモザイク画を作ること。それが準備です。それほど難しくはないような気がしませんか? 実際、難しいことではありません。少し集中して意識的に考えるだけでいいのです。

題材ごとに書き留めたメモを寝かせておく

誰にでも理解できる話をする名説教家であり伝道者のドワイト・ムーディは、歴史に残る演説をどう準備していたでしょうか?

「とくに秘密はない」と、彼は答えています。

題材を選んで、大きな封筒にそれを書く。そういう封筒がいくつもある。読書中に、題材のどれかに適したものを見つけたら、メモを取って該当する封筒に入れ、寝かせておく。いつもメモ帳を持ち歩き、スピーチの題材に役立つことを見つけたら、それを書き留めて、封筒に入れる。それを1年かそれ以上そのままにしておく。新しい説教が必要になったときは、それまでに溜めたものをすべて取り出す。それに自分自身が学んだことの結果を合わせれば、素材は十分だ。その後は、一部を削ったり、つけ加えたりを続けて、説教を手直しする。そうすれば、決して古くさくなることはない。

アイデアをつねにメモに取り、自分自身の考えを取り出しておこう

独創的な思考プロセスの生み出し方

ブラウン博士の賢明なアドバイス

創立100周年を迎えたイェール神学校で、学長のチャールズ・ブラウン博士が、その後大手出版社から書籍化されることになる、説教術に関する連続講演を行ないました。

ブラウン博士は30年にわたって毎週、講演を準備し、その一方で講演の準備の仕方や技術を教えてきました。その賢明なアドバイスは、聖職者にも、労働組合で演説をする予定の靴職人にも役立つでしょう。

博士は、話す力をつけるためのアドバイスを、こう述べています。

――題材や内容についてよく考えること。よく熟して手応えを得られるまで熟考すること。その小さな生命の芽が大きく成長するにつれ、有望なアイデアが多く生まれてくるだろう。このプロセスは長いほうがよく、日曜日の講演の最後の仕上げを土曜の午前中になってやるようではいけない。

ある真実を、1カ月、あるいは6カ月、または1年かけて考え続ければ、新しい考えが次々と芽を出して、豊かに育つだろう。通りを歩いているとき、列車で長旅をするとき、読書で目が疲れたときにじっくりと考えることもできる。

夜に考えることもあるかもしれないが、教会や説教についてベッドのなかで習慣的には考えないほうがいいだろう。説教は説教壇でするのがよく、ベッドの友には向いていない。それでも、私は夜中に何かを思いつき、朝までに忘れてしまうのではないかと心配になって、ベッドから出てそれをメモすることがある。

頭に浮かんだアイデアは、すべて書き出す

ある説教のために材料を組み立てているときは、その聖句やテーマに関して思いつくことはすべて書き出してみる。その聖句を初めて選んだとき、何を感じたか。今、頭に浮かぶ考えをすべて書く。

書くのは数語でもいいが、そのことだけを考えてアイデアを書き留める。これは生産的になるために頭を鍛える方法でもある。この方法によって、思考プロセスを新鮮

で、独創的で、創造的なものにすることができる。

誰の助けも借りずに、**生み出したアイデアをすべて書き留めよう。それはルビーやダイヤモンドや純金以上に、精神的成長のために大切なものとなる。**紙切れ、古い手紙の裏、封筒の切れ端、古紙など、手元にあるものならなんでもいい。大きな紙より小さな紙切れのほうがいい。経済的な問題だけでなく、アイデアを整理するときには、ばらばらの紙片のほうが簡単だからだ。

つねに考え続け、思い浮かんだアイデアをすべて書き留める。このプロセスを急ぐ必要はない。これはもっとも重要な精神的活動であり、じっくりと行なっていいのである。そうすることで、真の知的生産力を高めることができるのだ。

あなたがもっとも楽しめる説教、人々の人生でもっともためになる説教は、あなた自身の内面から出てきたものである。それはあなたの骨と肉であり、あなたの知的労働の産物であり、創造的エネルギーから生まれたものである。

借りてきた寄せ集めの説教は、どこか手垢がついて古びた感じがする。

生き生きとした躍動感のある説教は、歩き、跳び、神を賛美する。

心に染みいる説教は、鷲のように羽を持ち、途中で墜落することなく務めを全うする。そうした真の説教は、話し手の生命力から生まれるのだ。

書き溜めたアイデアのメモは、あなたの知的生産の源となる

長期間考え続けることの効果

リンカーンが行なった演説の準備

演説の名人として知られるリンカーンは、どのようにスピーチを準備したのでしょうか？幸いなことにそれはわかっています。ブラウン学長が勧めた方法のいくつかは、その数十年前にリンカーンが用いた手順でもあることに気づくでしょう。

リンカーンはスピーチの準備を、通常の仕事をしているとき、食事をしているとき、通りを歩いているとき、牛の乳を搾《しぼ》っているとき、灰色の外套をはおり、手に買い物袋を提げて肉屋や食料品店に行くとき、そのすべての時間で行なっていました。話しかけたり、質問したり、ふくれっ面をしたり、指で突ついて父親の気を引こうとしたりする幼い息子を連れて歩きながらも、彼はその存在を気にもかけず、スピーチのことを考え続けました。

アイデアを温め、卵からかえすあいだ、ときどき手元にある封筒や紙片や紙袋の切れ端にメモや文章を書き付けました。それらを帽子のなかに入れ、腰を下ろせる場所で整理し、書き直し、推敲《すいこう》を重ねて、演説にしたり、本にしたりしたのです。

「人民の人民による人民のための政治」という有名な一節で歴史に残るゲティスバーグの演説も、**あらゆる時間と場所で考え続ける**ことで生み出されました。

ホワイトハウスと陸軍省を往き来するときでも、陸軍省の革のソファに横たわって夜遅くまで報告の電報を待っているときでも、原稿のことを考え続けていました。紙に草稿を書き、シルクハットのなかに入れて持ち歩き、絶え間なく考え続けました。演説の前の日曜日、彼は記者にこう語っています。「まだ書き上げたとは言えない。いずれにしても書き終えてはいない。2、3回、書き直したが、もう一度書き直さないと満足できそうにない」。

式典前夜にゲティスバーグ入りしたリンカーンのところには、たくさんの人が集まってきましたが、彼は面会に時間を割きませんでした。その晩、スピーチをもう一度、推敲するつもりだったからです。その後、隣家に滞在するスワード国務長官のところへ行き、スピーチを読み上げて、批評をしてもらっています。翌日は朝食後、パレードに参加する時間が来たことを知らせるノックの音がするまで、さらに推敲を続けました。

リンカーンでさえも、関心が表面的にすぎないスピーチは、明らかに失敗しています。しかし、常に深く考え続けている奴隷制度と国家についてとなれば、並外れた力を発揮しました。

キリストが演説の前に準備したこと

さらに、歴史に残る話し手として、イエス・キリストはどのように演説を準備したのでしょう？　彼は人々から離れ、ひとりになって考えていました。考えに考え続けました。荒野へ行き、40日間、瞑想し、断食して考え続けました。マタイによる福音書では、イエスはそのときから宣教を始めたと記されています。その後まもなく、世界でもっとも有名なスピーチの一つとなる「山上の垂訓《すいくん》」を行なったのです。そこには、「右の頬を打たれたら、左の頬も向けよ」、「汝の敵を愛せ」といったキリスト教の中心的な考えが詰まっていました。

「それはおもしろい。ですが、私は歴史に名を残そうなどとは思っていません。仕事で簡単な話ができるようになりたいだけなんです」。あなたはそう反論するかもしれません。

確かにそうでしょう。わかっています。本書は、あなたやビジネスマンの力になることを目的としています。しかし、たとえ気軽な話をするにしても、過去の名演説家たちの手法を知っておくのは役に立ちます。

すぐれた話し手の多くに共通するのは、長考の習慣である

話すテーマの決め方と内容の組み立て方

人前で何かを話す場合、できれば自分でテーマを選びましょう。他人からテーマを与えられることもあるかもしれませんが、テーマが自然と浮かんでくるのが理想です。

短いスピーチに何もかも詰め込もうとすると失敗します。1つのテーマについて、論点は1つか2つ。それについて、十分に語ることを心がけます。

テーマは最低でも1週間前に決めます。そうすれば、暇を見ては、それについて考えることができます。1週間、毎日、考えましょう。毎晩、その夢を見ましょう。床に就く前に考えましょう。次の朝、ヒゲを剃《そ》るときも、入浴中も、通勤の途中でも、エレベーターや、昼食や、予約の順番が来るのを待つ間も考えましょう。友人と話題にして、意見を交わしましょう。

思いつく限りの問いを、自分に投げかけてみましょう。たとえば、離婚について話すとしたら、何が原因になるか、社会的、経済的にどんな影響があるかを自分自身に問います。どうすればそうした不運から救われるか？　離婚のために新しい法律は必要か？　その理由は？　離婚を違法にするべきか？　離婚の要件をより難しくするべきか、より簡単にするべきか？

「話す力」というテーマは練習にうってつけ

初期の練習としては、「なぜ話す力が欲しいのか」それ自体をテーマにすると簡単です。それも当然。みずからの観察や願望や経験を話すのですから、テーマに関する材料の組み立てにわずかな時間を割くだけで、内容はすぐに覚えられます。準備としては、こう自問することをおすすめします。

私の悩みは何か？　この本から何を学びたいと考えているか？　これまで人前で話したことがあるか？　あるとすれば、いつ、どこで話したか？　その結果どんなことが起こったか？　ビジネスマンにとって、なぜこの訓練が必要だと考えるか？　自信や存在感や説得力のある話し方を強化したことによって、経済的に成功した人はいるか？　逆に、こうしたものがないために成功できない人を知っているか？——これらを具体的に考えてみましょう。

人の名前を出すときは実名は言わずに、彼らのことを話してみましょう。

最初の何回かは、みんなの前に立ち、落ち着いて2、3分間話すことができれば十分です。

会社や仕事について話すとしたら、準備はどのように始めればいいでしょうか？　材料は豊富にあるはずです。問題は何をどう選び、どう組み立てるかです。３分間ですべてを話そうとしてはいけません。それは不可能です。あまりに大雑把《おおざっぱ》で、断片的なものになります。テーマの一つの面だけを選び、それを膨らませます。

たとえば、なぜその仕事に就いたのかを語ってみてはどうでしょうか？　偶然か、それとも選択の結果か？　または働きはじめた頃の苦労や挫折、将来の望みや成功体験などを話してみましょう。**人生の真の裏話というのは、うぬぼれることなく謙虚に話せば、たいていどんな人のものでも、おもしろいものです。必ずうまくいく題材です。**

あるいは仕事を別の角度から見てみましょう。あなたの悩みはなんでしょうか？　新人にどんなアドバイスをしたいですか？　職場にいる人々のことを話すのもいいでしょう。正直な人やそうでない人、仕事上の問題や、顧客との問題について話すのです。

仕事を通じて学んだもっとも興味深いことは、人間の本質ではありませんか？　技術や商品についての話なら聞き手は飽きてしまいますが、人間について話せば、まず失敗しません。

抽象的な話をしてはいけません。聞き手は退屈します。自分の目で見たことと、それが示していると思われる真理について考えてください。実際に自分の目で見たことは、抽象的なことよりも覚えやすく、話しやすいものです。生き生きとした声や態度で伝えることができるでしょう。

あなた自身の考えや体験を伝えよう

実例は、自分の主張でサンドイッチにする

説得力ある実例の使い方

実例を出せば説得力は出ますが、単にだらだらと実例を並べるだけでは、聞いているほうはあくびが出てしまいます。実例と自分の主張とを、何層かのケーキのように重ねます。ある原稿を紹介します。「経営陣は権限委譲をすべきだ」という主張が展開されていますが、そこでは数々の実例を自らの主張でサンドイッチにしているので、説得力が生まれ、論点が明確に伝わってきます。

現在の巨大企業も、かつてはワンマン経営だった。しかし、多くはそれを脱却している。すぐれた企業は「一人の人間の長い影」ではあるものの、企業や業界の活動が大規模になった今、どんなに有能な経営者であっても、優秀な人材を集めて手綱さば

きを助けてもらわなければならないからである。

ウールワースは、自分は長年、本質的にはワンマン経営者だったと私に言ったことがある。その後、健康を害し、何週間も入院している間に、自分が願う通りに会社を成長させていくには、経営責任を一人で負っていてはだめだということに気づいた。

イーストマン・コダック社は、初期にはジョージ・イーストマンがおもに権限を持っていたが、賢明にも早いうちから効率的な組織を作り上げていた。シカゴの大手缶詰工場はすべて、創業時代に同様の経験をしている。スタンダード石油は、一般的に考えられているのとは異なり、大規模化してからはワンマン組織ではなくなっている。

ＪＰモルガンは、超巨大企業ではあるが、もっとも有能なパートナーを選び、責任を分担することが大切であると信じている。

それでもワンマン経営を原則としたがる野心的な企業リーダーはいる。しかし、彼らも現代経営の大きさに押され、権限委譲せざるをえなくなるだろう。

自分の考えに説得力を持たせたいときは、実例を使う

自分の興味だけでなく、相手の興味を考える

相手にとって役立つ、おもしろい話をする

仕事のことを話すとき、自分だけしか興味がないことを話すという許しがたい過ちをおかす人がいます。話し手は、自分だけでなく聞き手がどんな話題を喜ぶかを考えるべきであり、聞き手のわがままな関心に訴える話をするべきです。

たとえば、火災保険を売るとしたら、聞き手の家を火事から守るにはどうしたらいいかを話すべきですし、銀行員であれば、貯蓄や投資について聞き手に役立つ助言をするべきです。準備をするときは、聞き手について研究しましょう。彼らは何を欲しがり、何を望んでいるだろうか？　それが戦いの半分を占めるときもあるのです。

図書館の使い方

時間があれば本を読み、同じテーマについてほかの人がどう考えているか、何を言っているか調べてみるのもよいでしょう。しかし、**まずは自分で考え抜くこと。それがとても重要です**。それから図書館へ行き、レファレンスサービスを使って図書館員に自分が必要とする情報を伝えます。どんなテーマのスピーチを準備しているかを話すといいでしょう。素直に助けを求めてみましょう。調査の経験が乏しければ、図書館員が大きな助けになってくれます。そのテーマに関する書籍を探してくれたり、論点の概要を話してくれたり、当時の国民の関心について賛否の両方の意見の主要点を教えてくれたりするかもしれません。必要なら、新聞や雑誌の縮刷版、世界年鑑、百科事典、各種参考書なども紹介してくれます。それがあなたのツールになります。ぜひ活用してください。

まず自分自身で考える。それから調べる

実際に使用するよりはるかに多くの材料を集めて、取捨選択する

100のアイデアのうち、90を捨てる

アメリカの植物学者ルーサー・バーバンクは、亡くなる直前にこう言い遺しました。「すぐれた標本を1つか2つ作るために、100万の標本を作った。うまくいかなかったものはすべて捨てた」。

スピーチも同様に、贅沢に、肥えた目をもって準備をしてください。100のアイデアを集め、そのうち90を捨てるのです。

実際に使うことができるよりも多くの材料や情報を集めましょう。そうすれば、自信も生まれるし、確信を持って話すことができます。精神的にも、身体的にも、話し方に大きな効果があります。これはあらゆる準備の基本であり、もっとも重要な要素の一つですが、公の場でのスピーチだろうと、私的な場での話だろうと、話し手に軽視されています。

膨大な知識を蓄えることの意味について、ある有名なセールストレーナーのエピソードを紹介しましょう。

私は何百人ものセールスマンや勧誘員やデモンストレーターを訓練してきた。それを通して、彼らの大半に共通する弱点がわかった。それは、売る前に、商品についてできる限りの知識を得ることの重要性を認識していないことだ。

彼らの多くは私の事務所に来て、商品の説明を受け、売り込み用の文句を覚えたら、すぐに売りに出かけようとする。その多くは1週間も続かず、2日以内に辞めた人も多かった。食品担当のセールスマンや勧誘員に教育と訓練をしたとき、私は彼らを食品の専門家にしようとした。そこで、農務省が発行する栄養成分表を勉強させた。食品中の水分、たんぱく質、炭水化物、脂質、灰分などを示したものだ。彼らが売る商品の成分についても学ばせた。数日間学校に行かせ、試験にも合格させた。仲間のセールスマンを相手に商品を売り込む練習もさせた。セールストークがもっとも上手だった者には賞を与えた。

時間をかけて商品を学ばなければならないことに対して不満を漏らす者もいた。彼らはこう言った。

「小売店にこうしたことをすべて話す時間はありません。彼らは忙しいですから。たんぱく質だの、炭水化物だのと言ったって聞いてくれやしないし、たとえ聞いてくれたとしても、私が何を言っているかわからないでしょう」

そこで私はこう答える。

「**学ぶのはあなた自身のためです**。顧客のためではありません。商品のことを一から十までわかっていれば、なんとも形容しがたい感覚が得られるはずです。前向きな気持ち、安心感、心強さといったような。何があっても怖くなくなります」

知っていながら使わない情報が、話題に彩りを添える

スタンダード石油の社史を著したイーダ・ターベルはパリにいた頃、有名雑誌からある送電線の会社について短い記事を依頼されたそうです。彼女が私に話してくれたところによると、彼女はロンドンへ行き、電線を管理するヨーロッパの責任者に会い、必要なデータを手に入れました。しかし、それだけで終わりにせず、さらに情報を得ようと大英博物館に展示されているすべての電線について学び、電線の歴史に関する本を何冊も読み、ロンドン郊外にある工場を訪れて、電線の製造過程も見学したというのです。

なぜ彼女は、実際に使うであろう10倍もの情報を集めたのでしょう?

そうすることで余裕ができるからです。知っていながら書かない情報が、短い記事に力と彩りを与えてくれることを認識していたからです。

エドウィン・ジェームズ・キャテルは、およそ3千万人を相手にスピーチをしてきています。それでも、「帰り道に、大切なことを話せなかったと自分に腹を立てるようでなければ、講演は失敗だったと感じる」と私に言いました。

なぜでしょうか? 彼は長年の経験から、**話し手が時間内に話しきれないほど多くの材料を抱えているものこそが価値のある話**だ、とわかっているからです。

「冗談じゃない!」。あなたは反論するかもしれません。「こんなことを全部やる時間はない。自分には仕事があるし、養わなければならない妻や子やペットがいる。博物館に行って電線を見て、本を読んで、明け方にベッドのなかでスピーチのおさらいなどできるはずがないだろう」。

もちろんそれはわかっていますし、同情もします。しかし、人を動かすほどの「話す力」を得るには、日々たくさんの情報を自分のなかに溜めていくしかありません。

そんな努力をしなくても、その場で機転を利かせた即興の話でもいいじゃないか――。実際、そう考える人もいます。仕事ではそれが求められることも多いからです。

皆さんのなかには、ここまで読んでも、事前の準備にあまり関心を持てない人もいるでしょう。私の講座の受講生にもそうしたビジネスマンはいました。彼らの望みは、仕事上の会議でのさまざまな討論に、機転を利かせて参加することです。

だから、ただ教室にやって来て話を聞き、自分より前に話した受講生から手がかりを得ようとします。まるでそれが、頭が良い証拠だと言わんばかりに。

その場の機転だけでは、能力は蓄積しない

多少ならそういうことがあってもいいでしょう。しかし、やりすぎてはいけません。

本章で示した手法に従ってください。そうすれば、あなたが求めている安心感や解放感、また効果的に話す力が得られます。機転を利かせたつもりでも、即興の話ばかりに逃げていると、いつまでたっても能力が身につきません。即興の練習は、本書にある基礎的な技術を習得してからの楽しみにとっておいてください。人前で完璧に話せる喜劇王チャーリー・チャップリンが、夜な夜な友人と即興スピーチの練習をして楽しんだエピソードは、のちほどご紹介します。

準備をする暇ができるのを待っていても、暇は決してできません。習慣にするしかないのです。ならば、1週間のうちにせめて一晩、たとえば午後8時から午後10時までをそのため

だけにとっておくのはいかがでしょうか。それが確実で、計画的なやりかたです。ぜひ試してみてください。

日ごろから情報収集と整理を習慣にしよう

第4章

思考と説得力を強化する方法

スピーチには計画が必要

ニューヨークのロータリークラブの昼食会に参加したときのことです。メインの講演者はある政府高官でした。地位と名声も高く、私たちは彼の話を聴くのが楽しみでした。内容は彼の部署の活動についてだったので、ニューヨークのビジネスマンは高い関心を寄せていました。

彼は自分が話すテーマについて、よく知っていました。実際に話せること以上に多くを知っていました。しかし、講演に必要な準備をしていませんでした。材料をきちんと選んでいなかったし、話す順序も考えていません。それなのに、未経験者ゆえの無意味な度胸を頼りに、講演をやみくもに始めてしまったのです。

彼の頭のなかはごちゃごちゃでした。それをそのまま私たちに提供したのです。ごちそうにたとえれば、まずデザートのアイスクリームが出てから、初めのスープが運ばれてくるような案配でした。魚料理とナッツの取り合わせも出てきましたし、スープとアイスクリームと薫製ニシンの混ぜ合わせのようなものも出てきました。私はこれほど混乱した講演者を見たことがありません。

彼は即興をあきらめて、とうとうポケットからメモの束を取り出しました。秘書が用意したとのことですが、そのメモも屑鉄を満載した貨車のようにまとまりがありません。彼は落ち着きなくメモを次から次へとめくり、話を続けながら、なんとか混乱から抜けようとします。しかし無理でした。彼は謝り、水を求め、震える手でそれを飲むと、二言三言何か言ってはメモに目を落とし、同じ事を繰り返しました。時間がすぎるにつれ、さらにうろたえ、混乱していきました。額に冷や汗が浮かび、それをハンカチで拭く手が震えています。

それを見て私たち聞き手は気の毒に思い、胸が痛くなってしまいました。まるでそれが自分の身に起こったかのような、気まずい思いがしたのです。しかし、彼はつっかえたり、ノートを見たり、謝ったり、水を飲んだりしながら、あくまで話を続けます。聞き手は完全な破綻に向かっているのを感じていたので、彼が死闘を止めて腰を下ろしたときには、本当にほっとしました。

戦術とは科学である。計算し、考え尽くさなければ成功しない

聞き手としてこんなに気まずい思いをすることは、めったにありません。こんなにみっともなく、きまりが悪そうにしている話し手を見たのも初めてでした。彼はルソーが教える恋文の書き方に従ったのでした。つまり、何を言うべきかわからずに始め、何を言ったかわからぬうちに終えたわけです。

「知識が整理されていないときは、それが多いほど混乱が大きくなる」。英国の哲学者ハーバート・スペンサーの言葉です。設計図なしに家を建てはじめる人はいません。それなのに、なぜスピーチは大まかな内容や計画さえ用意せず始めるのでしょうか？　スピーチは目的地のある航海です。海図が必要です。目的地も決めずに出航すれば、どこにもたどり着きません。

スピーチを学ぼうとする人は、「戦術とは科学である。計算し、考え尽くさなければ成功しない」というナポレオンの言葉を胸に刻むべきでしょう。

話し手はこのことに気づいているでしょうか？　気づいているなら、その通りにしているでしょうか？　そうは思えません。多くのスピーチは、計画や準備の面において、アイルランドの煮込み料理よりもわずかにましな程度です。

アイデアはどのようにまとめるのがもっとも効果的ですぐれているのでしょうか？　それは自分で研究してみなければわかりません。すべての話し手が何度も何度も自問自答しなければならない永遠の疑問であり、常に新しい問題なのです。絶対に間違いのないルールこそありませんが、秩序よくまとめるというのがどういうことかは、ある程度、簡潔に示すことができます。この章では、それを見ていきましょう。

目的もなく話を始めると、どこにもたどり着かない

伝える・動かす
——強い説得力の設計法

私の講座の受講生が、全米不動産業者協会の大会で行なったスピーチを紹介しましょう。各都市から集まったほかの27人を抑えて最優秀に選ばれたものです。構成もよくできていて、多くの事実がわかりやすく、生き生きと、興味深く語られていて、気迫と流れがあります。まず一読してから、なぜこれほど説得力があるのか分析してみましょう。

この偉大なる国アメリカ合衆国は、我が街フィラデルフィアで誕生しました。そうした歴史ある街には、当然、強いアメリカ精神が宿り、それがこの街をこの国最大の工業中心地であるだけでなく、世界でもっとも大きく美しい都市へと育てあげてきました。

フィラデルフィアの人口は２００万人近く。ミルウォーキー州とボストンとパリとベルリンを足し合わせた広さを持ち、その全域約３７０平方キロメートルのうち10％

近くの最良の土地を、美しい公園、広場、大通りに割り当てています。それが娯楽や憩いの場となり、私たち誰もが立派なアメリカ人にふさわしい環境で暮らすことができます。

フィラデルフィアは単に大きく、清潔で、美しい都市であるだけでなく、世界の工場としても知られています。それは40万人以上の労働者が9千以上の工場で働き、営業日には10分ごとに10万ドルに値する有用な商品を生産しているからです。

著名な統計学者によれば、毛織物、皮革、メリヤス、繊維、フェルト帽、金属製品、工具、蓄電器、船体用鋼材などの生産では、国内ではフィラデルフィアと肩を並べる都市はないそうです。鉄道機関車は昼夜を問わず2時間に1台が生産され、この偉大な国の民の半数がフィラデルフィア製の路面電車に乗っています。葉巻の生産は毎分1千本、昨年は115の靴下工場で全国の男性、女性、子供1人につき2足の靴下が作られました。カーペットや敷物の生産量は、イギリスとアイルランドの合計を凌いでいます。実際に、商工業は大きく拡大し、昨年の手形交換高は国中の戦時国債（リバティ・ボンド）をすべて買うことができるほどです。

産業がこのようなすばらしい発展を遂げる一方で、誇りに思うのは、この街が、我が国最大の医療、芸術、教育の中心地の一つであることです。

また、さらに誇らしいのは、フィラデルフィアは世界で一番、一戸建ての家が多い都市であることです。その数は39万7千軒。それぞれの土地の幅を約7・5メートルとすると、一列に並べた場合、フィラデルフィアからカンザスシティーのコンベンションホールを通過してデンバーまでの距離になります。約3千キロです。

フィラデルフィアはこの偉大なる国の母なる街であり、アメリカの自由の精神の源泉なのです。アメリカの国旗が最初に作られたのもこの街、初めてアメリカ議会が開かれたのもこの街、独立宣言が調印されたのもこの街、アメリカで最も愛されているモニュメント「自由の鐘」によって多くの男性や女性や子供が元気づけられたのも、この街です。

ですから、私たちには聖なる使命があるのです。それは富を崇めるのではなく、アメリカ的精神を広め、自由の炎を燃やし続けること。そうすれば、ワシントンやリンカーンやルーズベルトが築いてきたこの国が、世界中の人々を突き動かすことでしょう。

聞き手の反応を予想して、先手を打って設計する

このスピーチを分析してみましょう。いかに構成され、それがどのような効果をあげているでしょうか？

まず、始めと終わりがあります。意外に思うかもしれませんが、それが珍しい長所なのです。出発点から野鳥のようにまっすぐに飛んでいます。無駄に時間を使っていません。新鮮で個性的でもあります。話し手は自分の街が、ほかの話し手の街とは違うこと、つまり国家の誕生した場所であることを指摘しています。

また、世界で最も大きく美しい都市の一つだと述べています。しかし、そうした主張はよくある陳腐なものです。それだけでは、誰も感心させられません。話し手はそれがわかっているために、聞き手がフィラデルフィアの大きさを想像できるように「ミルウォーキー州とボストンとパリとベルリンを足し合わせた広さ」と説明しています。**数字は頭に入りにくいですが、具体的でわかりやすいイメージは頭に残ります**。また興味深く、意外性があるので、記憶に残ります。統計データを1ページ分示すよりも強い印象を与えています。

次に、話し手は、フィラデルフィアが「世界の工場としても知られています」と言っています。それはまるで、宣伝文句のように大げさです。ですから、すぐに次の話に進めば、誰もそれを信じなかったでしょう。

しかし、話し手はそうはしませんでした。「毛織物、皮革、メリヤス、繊維、フェルト帽、金属製品、工具、蓄電器、船体用鋼材」と、フィラデルフィアが世界をリードする分野の製品を列挙しました。これなら宣伝文句のように聞こえません。

フィラデルフィアでは「鉄道機関車は昼夜を問わず2時間に1台が生産され、この偉大な国の民の半数がフィラデルフィア製の路面電車に乗っています」と聞けば、「それは知らなかった」と聞き手は驚き、こう思います。「昨日、乗った電車もそのうちの一つだったのかもしれない。明日、自分の街でもフィラデルフィアの電車が走っているかを確認してみよう」。

「葉巻の生産は毎分1千本、男性、女性、子供1人につき2足の靴下」と聞けば、さらに感心します。「自分の好みの葉巻もフィラデルフィアで作られたのだろうか？　私が履いている靴下もそうだろうか？」と。

目的に向かってまっすぐ進むことの効果

話し手は次に何をしたでしょうか？

最初に触れたフィラデルフィアの大きさに戻って、言い忘れたことをつけ加えたりしたでしょうか？　彼はそうしませんでした。一つの論点を最後まで話し終え、その後は二度と同じ話に戻りませんでした。それは聞き手にとってありがたいことです。夕暮れ時のコウモリのようにやみくもに話が行ったり来たりすれば、聞き手は混乱してしまいます。

ところが、多くの話し手はその禁じ手をやってしまうのです。1、2、3、4、5と順を追って話すのではなく、フットボールのキャプテンがサインを叫ぶように27、34、19、2……というでたらめな順序で話してしまうのです。

その逆に、この話し手は、時間を無駄にしたり、前に戻ったり、迷走したりせずに、自身が話題にした機関車のように話をまっすぐ前進させています。それが伝えたいメッセージにわかりやすさと力強さを与えています。

最後に、メッセージを伝えるためのワンポイントがあります。もし、このように構成がすばらしいスピーチでも、気持ちや勢いが感じられない淡々とした話し方をしたなら失敗する可能性があります。話し手は原稿を書いたときと同じように、深い誠実さから生まれた情熱を込めて話しましょう。それが感情的にも強い説得力を生みます。

一つの論点を徹底的に話し、のちにふたたびその話には戻らない

3つの構成で話を組み立てる

すでに述べたように、スピーチはどう構成するのがもっともいいか、という疑問を解決する絶対確実な法則はありません。ただし、いくつかの場合に使えそうなものは存在します。それらの例をご紹介します。

たとえば、ラッセル・コンウェル博士は、多くのスピーチを次の3つの構成で組み立てたそうです。3つのパートからなる3幕構成は、映画などでもわかりやすい展開の代表として利用されています。

①事実を述べる
②それについて論じる
③行動を呼びかける

本書の読者が役立つうえにおもしろいと感じるかもしれない3幕構成は、次のような感じではないでしょうか？

①間違っていると感じることを述べる
②どうすれば解決できるかを示す
③協力を求める

それは、次のような構成にアレンジすることもできます。

①解決すべき問題がある
②それについて私たちがやるべきことを述べる
③だから協力が必要だと訴える

話の順序を、４つの構成で組み立てることもできます。

①聞き手の関心を得る

②聞き手に信頼される
③事実を述べ、自分の提案には利点があることを教える
④聞き手が行動を起こすように動機づける

定型の構成を使えば、比較的簡単に説得力のある話を組み立てられる

口述筆記で原稿を推敲する

事実を集め解決策を考える

アルバート・ベヴァレッジは、効果的な話し方について、とても簡潔で実用的な本を書いています。そこでは独創的な話をするためのアドバイスがこう語られています。

話し手は話すテーマを知り尽くしていなければならない。すべての事実を集め、整理し、研究し、消化するべきである。一方面からのデータだけでなく、もう一方面の、また、すべての方面からの資料が必要だ。それは推測や証明されていない主張ではなく、事実でなければならない。思い込みは厳禁である。

一つ一つを調べ、再確認するべきだ。確かに大変ではあるが、人々に情報と指示と助言を与え自分の権威を確立するつもりなら、当然やるべきである。

問題に関する事実を集め、まとめたら、それらにどんな解決策があるかを考える。そうすればスピーチは独創的で、個性的なものになり、勢いと説得力が備わる。あなた自身が表れるようになる。

だから、考えはできるだけはっきり、論理的に書かなければならない。具体的には、事実の両面と、その事実によって明確になる結論を提示するのである。

口述筆記を推敲する大きな効果

合衆国28代大統領ウッドロー・ウィルソンは、いかにスピーチを作るかを尋ねられてこう答えました。「まず、話題にしたいことを列挙し、頭のなかで自然な流れを考える。つまり、骨組みを作るのだ。それから、時間の節約のため原稿を速記する。それが終わったら、タイプライターで、文言を変えたり、文章を直したり、題材を追加したりして仕上げる」。

その2代前の大統領ルーズベルトも、準備に独自の方法論を持っていました。まず、すべての事実を掘り起こして検討し、わかったことを追究し、結論に達し、揺るぎない確信にたどり着きます。そこまでが前提です。その後、彼はメモ帳を前に置いて、口述を始めます。勢いと直感と気迫を失わないように早い口調で進めます。それから、それをタイプで打った原稿に目を通し、修正、追加、削除を鉛筆で書き入れ、また最初から口述を始めます。「努力し、もっとも良いと思うことを実行し、入念に計画を練り、事前に準備をしなければ、何も得られない」と彼は言っています。

口述をするときは、原稿を聴いてもらうために批評家を呼ぶこともありました。しかし、内容についての議論は受け付けませんでした。何を言いたいかは決まっていて、変えるつもりはないからです。何を言うべきかではなく、どう言うべきかを助言してもらいたかったのです。タイプ原稿は、何度も何度も見直され、切ったり修正したりして、改良し続けられました。

口述筆記とその推敲は、すぐれた準備のやり方です。題材になじむことができ、話の順序も覚えられます。流暢に確信をもって磨き上げられた話をしたいなら、これ以上の方法はありません。

物理学者オリバー・ロッジ卿は、口述すること、それも**聴衆を前にしたときのように臨場感たっぷりに口述するのが準備と練習のすぐれた方法**だと、私に語ってくれたことがあります。

私の講座の受講生たちも、自分のスピーチを録音して聞くのはすばらしい方法だと感じているようです。もちろん、ときには失望したり、つらくなったりするときもあるでしょう。

しかし、もっとも有益な練習として、これはおすすめです。口述を使った練習では話す内容を書き出すので、どうしてもそれについて考えるようになります。そのため、論点が明確になり、記憶にも残り、混乱も減り、話し方も改善されます。ベンジャミン・フランクリンは自伝で、自分がどうやって話し方を改善し、使える言葉を増やし、考えをまとめる方法を学んだかを語っています。

私はある古い雑誌を見つけた。読んだことがない記事ばかりで、何度も読み返し、楽しんだ。文章がすぐれていたし、できることなら真似たいと思った。

そこで、いくつかの文章を要約し、数日後、それを頼りに記事を完全に再現しようと試みた。元の文章とできるだけ同じ長さで、できるだけふさわしい言葉を使って表現することを目指した。それから元の記事と比べて、違っている箇所を訂正した。

私はいくつかの記事を選び、それを再現することを続けた。文章をまとめたものを混ぜ合わせ、数週間後に、最良と思える順序に並べ直して、自分なりに改良した記事を書いたこともあった。それにより、考え方をまとめる方法を学ぶことができた。

自分が書いた文章を元の記事と比べることで、間違いを見つけ、修正する作業を続けた。こうした小さな努力で、言葉の使い方がうまくなると思うと嬉しかったし、私ーもいっぱしの書き手になれるのではないかという大胆なことを考えはじめた。

フランクリンの自伝は、古典なのに読みやすく楽しい。簡潔な英語の手本ともいえる。ビジネスマンなら誰でも楽しみながら読むことができるし、得られるものがあるはずです。

推敲を重ねることが自分の思考を鍛える

メモを使って思考を整理する方法

論点を整理するメモの活用法

ここではさらに一歩進んで、書き溜めたメモをどう活用するかをご紹介します。**アイデアや実例をメモに書き出したら、それらを並べ換えてみましょう。**関連性のあるものをそれぞれの山に分けるのです。それが、スピーチの主な論点になります。それをさらに分類します。カスは取り除き、最上のものだけを残します。使わないものも出てくるでしょう。この作業をきちんと行なえば、集めた材料のほんの一部しか使えないことがわかります。これをスピーチが完成するまで繰り返します。それでも、さらに改善点や改良点が見つかるはずです。

すぐれた話し手は、自分のスピーチには4つの種類があることを自覚しています。

1つは準備したもの。

もう1つは実際に聞き手の前で話したもの。
もう1つはそれが記事や活字になったもの。
さらにもう1つは、帰り道に「こう話せばよかった」と後悔する頭のなかのものです。

話す場面でのメモの使用法

リンカーンは即席で話すのも上手でしたが、大統領になってからは、たとえ閣僚との非公式な会合でも、必ず事前に入念なメモを準備してから演説を行なっていました。就任演説では手元の原稿を読み上げています。そうした歴史的な文書は正確な表現が重要なため、即興ではすまされません。

しかし、公式文書に残る場面でなければ、演説のときにメモさえ見ませんでした。「聞き手を退屈させ、混乱させるから」です。

リンカーンの言う通りです。**手元のメモはスピーチのおもしろさを半減させます**。話し手と聞き手の間に必要な触れ合いや親しみを作り上げるのを妨げたり、少なくとも難しくします。真実味が失われますし、話し手には自信や余裕がないのではないか、と聞き手に感じさせてしまいます。

メモは作るべきです。ただし、準備のためです。詳細なものを、たくさん作りましょう。

もちろん一人で練習するときはメモを見てもいいです。聞き手を前にしたときも、ポケットに入れておけば気が休まるでしょう。でもそれは、列車に備え付けられているハンマーや斧のように、事故が起こったときの緊急用の道具として持っておくべきものです。

メモを潜ませるときは、文章は短く、文字は大きな紙に大きく書いておきます。早めに会場に行き、演卓に置いた本の下にそれを隠しておきましょう。どうしても、というときだけちらりと見て、聴衆には弱気になっていると感じさせないようにします。有名な政治家ジョン・ブライトは演卓に大きな帽子を置いて、そのなかにメモを隠していました。

ただし、初めの何回かはどうしても緊張しますし、自意識過剰になって用意したスピーチを忘れてしまう人もいます。話は脇道にそれ、何度も練習した内容を忘れ、泥沼にはまって抜け出せなくなるかもしれません。最初のうちだけは、内容をまとめたメモを手に持っていてもいいでしょう。子供も歩きはじめは家具につかまりますが、すぐに必要なくなります。

原稿は丸暗記しない

あなたが大統領になって就任演説を読み上げる場面以外では、原稿を読み上げないことです。一語一句を暗記する必要はありません。それは時間の無駄であり、大失敗につながりかねません。

しかし、この警告にもかかわらず、読者のなかには丸暗記を試みる人がいるでしょう。そういう人は、聞き手の前で話をするときに何を考えているでしょうか？

伝えようとするメッセージでしょうか？　いや、その人の頭のなかは原稿を一語一句思い出そうとすることで、いっぱいなのです。先のことではなく、終わったことを考えています。そのため、スピーチ全体が固く、冷たく、無味乾燥で、人間味がないものになってしまいます。**そんなつまらないことに時間とエネルギーを費やすのはやめましょう。**

仕事で重要な打ち合わせをするときに、言うべきことを、一言一句暗記するでしょうか？もちろん、そんなことはしません。

メモは、読み上げるための道具ではありません。

メモは、数々の自分の考えのなかから、もっとも重要な考えを見つけ出したり、過去の記録を調べて実例を整理していくことなどに使います。

メモを整理しながら「これとこれについて話そう。聞き手に行動を促したいなら、こうした理由があるからやらなくてはならないと説明しよう」と思考を巡らせます。メモを使って自分自身に対して問いかけ、解決策や具体例を考えていきます。思考や論点、説得力を設計するうえでメモほど強力な道具はありません。

メモは思考を作る過程で使い、人前では使わない

練習すればするほど「話す力」は強化される

言葉を探さず、自分の考えを探す

南北戦争に勝利した北軍の総司令官グラント将軍は、南軍のリー将軍から求められて降伏条件を提示する際、部下のパーカー将軍に筆記具を持ってこさせました。彼は『回想録』でこう述べています。「ペンを紙の上に下ろしたとき、最初の一語として文法的に正しい言葉が何かは知らなかった。しかし、伝えたい考えは頭のなかにあり、それをはっきりと間違いなく表現したかった」。

グラント将軍には表現したい考えと信念があり、はっきりと告げたいことがあったのです。それは誰のなかにもあります。疑うのであれば、道で通行人を殴り倒してみればわかります。その人は立ち上がって、自分の気持ちを表す言葉を苦労せずに口にするでしょう。

古代ローマの詩人ホラティウスは2千年前にこう書いています。

「言葉を求めるな。事実と思想のみを求めよ。そうすれば、**言葉は探さなくても浮かんでくる**」

練習すればするほど本番が恐くなくなる

頭のなかのアイデアが固まったら、話すべきことを最初から最後まで練習しましょう。人前で声に出す必要はありません。道を歩いているとき、車やエレベーターを待っているときに、心のなかで行なえばいいのです。

そして、部屋で一人になったら、今度は声に出し、ジェスチャーを交えて、生き生きと、元気よく練習します。

カンタベリーの聖職者ノックス゠リトルは、真のメッセージを伝えるには数回は説教を繰り返さないといけないと言いました。何度も練習することが必要なのです。練習するときは、聞き手が目の前にいることを想像します。強く想像すれば、聞き手を前にしたときに、もう何度も経験したことのように感じられるでしょう。

こうした方法で話し方を練習すれば、自動的に、多くの有名な演説家の例に忠実に従うことになります。高名な政治家ロイド・ジョージは、故郷ウェールズの町で討論クラブの会員だったとき、田舎道をぶらぶらと歩きながら、樹木や柵の支柱を相手に、ジェスチャーを交えて話をしていました。

リンカーンは若い頃、往復50キロも歩いて、有名な演説家の話を聴きに行っていました。そこで大きな感銘を受けた彼は、自分も演説家になることを決意します。農夫たちを集めて、切り株の上に立ち、演説をしたり、おもしろい物語を聴かせたりしました。やがてリンカーンのジョークや演説がほかの労働者の邪魔になるとして、雇い主に激怒されるまでになりました。

有名な演説家の経歴を調べると、共通点があることがわかります。

それは、練習をしたということです。本書の読者でも、**もっともたくさん練習した人が、もっとも速く上達します。**

誰でも1日に3時間は自由な時間がある

そんな時間はないですって？　ある人は毎朝、朝刊を買うと誰にも邪魔されないよう新聞紙を広げて顔を隠すようにして仕事へ向かい、スキャンダルやゴシップの記事を読む代わりに、スピーチの内容を考えていたそうです。

鉄道会社の社長であり、米国上院議員だったチャウンシー・ドピューは、とても多忙な人でしたが、ほぼ毎晩、講演をしていました。「仕事には支障が出ないようにした。すべて帰宅してから準備をしていた」そうです。

誰にでも自由に使える時間が1日に3時間はあります。ダーウィンは病弱だったせいで、1日に3時間しか研究ができませんでした。しかし、24時間のうち3時間を賢く使って、有名になりました。ルーズベルト大統領は在任中、5分刻みに会談を行ない、午前中がすべて潰れてしまうことがよくありました。しかし、その間の数秒でさえ有効に使おうと、つねに傍らにメモ帳を置いていました。

もしあなたがとても忙しく、時間に追われているなら、アーノルド・ベネットの著書『人生を豊かにする時間術』を読んでみてはいかがでしょうか？　100ページほどを切り取り、お尻のポケットに入れて、ちょっとした合間に読むのもおすすめです。私は、そうやって2日でその本を読み終えました。**いかに時間を節約するべきか、いかに1日を有効に使うべきかを教えてくれる名著です。**

人生には、仕事だけでなく気晴らしや気分転換も必要です。スピーチの練習こそ、その役割を果たすでしょう。可能であれば、同じ志を持った人たちと週に一度集まって、練習してみてはいかがでしょうか。それが無理なら、自宅で家族と一緒に、即席スピーチをして楽しむのはどうでしょう。

話す練習は苦痛ではなく、気晴らしであり気分転換になる

その場で知識と思考をまとめる練習

かつて映画の黄金時代を築いた大物俳優ダグラス・フェアバンクスとチャーリー・チャップリンには、どのような娯楽でも楽しめる莫大な収入があったようです。しかし、富と名声があったにもかかわらず、ふたりが何より喜びを感じ、夜を楽しく過ごしたのは、スピーチの練習をすることでした。

ダグラス・フェアバンクスはアメリカン・マガジン誌にこう語っています。

ある晩、夕食の席で、ふざけてチャップリンを紹介する真似をしたんだ。彼は立ち上がって、即座にそれに応じたスピーチをした。それが高じて、女優のメアリー・ピックフォードと3人で、毎晩のようにゲームをするようになったんだ。

それぞれが紙にテーマを書き、それを折りたたんで混ぜ合わせる。それぞれ1つを選ぶ。選んだ紙にどんな言葉が書いてあろうと立ち上がり、それについて60秒話をする。同じ言葉は使わない。だからいつも新鮮で、いろんな言葉があったよ。「信念」とか「ランプシェード」という言葉だったときもあった。ランプシェードについて60秒間話すのはつらかった。簡単だと思うならやってみてほしいな。勢いよくこう言うんだ。「ランプシェードには役割が2つある。1つは照明のまぶしさを和らげる。もう1つは装飾だ……」。ランプシェードについてはこれ以上は知らないから、もう何も言うことはない。だけど、なんとか話をつないだよ。すごいのは3人とも上手になっていったことだ。いろいろなことも知るようになった。

だけど、それよりもすごいのは、**与えられたテーマについて即座に知識と考えをまとめ、それを簡潔に伝えることを「学んでいる」**ことだ。機転を利かせることを「学んでいる」んだ。「学んでいる」と言うのは、まだこのゲームを続けているからなんだよ。もう2年になるけれど、私たちをまだ成長させてくれているということだね。

彼らは、人前で話すことを極めた人たちです。即興の練習は、彼らでさえ成長させ続けるものです。もし、あなたが本書を読んで、話す力を手に入れたら、ぜひ真似してみてはいかがでしょうか？

ほかのどんな娯楽よりも、自分の成長は楽しくて夢中になれる

第5章

大事なことを忘れない強い記憶力を得る方法

集中した時間は、記憶力も向上する

心理学者カール・シーショア教授によると、平均的な人間は「〝記憶の自然法則〟を活用していないため、本来持っている記憶力の10％程度しか使っておらず、残り90％の能力を無駄にしている」そうです。もしかすると、あなたもその一人ではありませんか？　日常生活でも職場でも苦労されているかもしれません。

教授の言う〝記憶の自然法則〟とは、きわめてシンプルなものです。要素はたったの3つしかありません。あらゆる〝記憶法〟と呼ばれるものも、この3つの要素が基本になっています。それは、「印象」「反復」「連想」です。本章を繰り返し読むことで、この3つの要素を使いこなすヒントが得られるはずです。

集中力が高まると、ものごとの印象が強くなる

「印象」が強くなれば、記憶にも深く刻みこまれます。物事を強く印象に残すには、まずは

集中力だということを覚えておいてください。ルーズベルト大統領を知る人は、彼の記憶力に驚きました。彼は、鉄板に文字を刻むように強固に記憶することができました。彼は辛抱強く訓練を重ねた結果、どんな悪条件下でも集中力を高めることができるようになっていました。

自身の選挙運動中、彼の事務所の前の通りでは、楽団の音楽が大音量で流れ、人々が旗を振りながら彼の名を叫んでいました。さらに事務所内にはたくさんの政治家が出入りし、緊急の会議や協議が頻繁に発生しているという状況です。どんな人でも集中力を欠いてしまって不思議ではありません。しかし、ルーズベルトはこんな騒然としたなかでも安楽椅子に座って、ギリシャの歴史家ヘロドトスの著作を読むことに没頭していたそうです。

ブラジルの荒野を旅行したとき、雨の降る夕方にやっとキャンプ地に到着すると、すぐに彼は大きな木の下に乾いた場所を見つけ、折りたたみ椅子を広げました。そして、ギボンの『ローマ帝国衰亡史』を取り出し、豪雨もキャンプの騒がしさも熱帯のジャングルから聞こえてくる不気味な物音も、何も気にせず読書に熱中し続けたそうです。それほど集中すれば、本の内容もよく覚えるに違いありません。

ぼんやりと何日も費やすより、集中した5分間からのほうが大きな結果が得られます。集中した時間のなかで記憶したことは、忘れにくくなります。

集中したなかで記憶したことは、印象が強まり忘れにくい

正確さにこだわると、観察力が増す

発明王トーマス・エジソンはある日、27人の助手たちが工場から本社へ向かう様子を眺めていて、彼らがつねに特定の道を通っていることに気づきました。その道には桜の木が1本生えています。エジソンが彼らにその木のことを尋ねてみると、気づいていた者は一人もいなかったそうです。

「**普通の人間は、目に入ったものの1000分の1も観察していない**。観察力が驚くほど足りないのだ」。エジソンはそう言っています。

人の名前は正確に覚える

もし誰かに、自分の友人を2、3人紹介したとしても、おそらく2分後には彼らの名前さえ覚えていないでしょう。それは、そもそも紹介された人が最初から注意を払っていないために、正確に観察をしていないからだと言えます。

物覚えが悪い、といういいわけを聞かされるかもしれませんが、そうではありません。観察力が足りないのです。霧の中で撮った写真がピンぼけになるのと同じように、観察すべき対象にピントを合わせなければ、記憶もぼんやりとしたあやふやなものになってしまいます。

ニューヨーク・ワールド紙の創設者ピューリッツァーは、編集室のスタッフ全員の机の前に、次の3つの単語を掲げていました。

1つめの単語は「正確」。2つめの単語も「正確」。3つめの単語も「正確」でした。私たちが必要とするものは、まさにそれです。人の名前を正確に聞きましょう。相手が名乗ったら、もう一度言ってもらってもいいでしょう。その名前はどんな字を書くのか訊いてみるのも良いことです。

あなたが関心を持っていることを知れば、相手も悪い気はしません。また、それだけ相手の名前を確認すれば覚えることができます。正確ではっきりとした印象を持つことができるからです。

観察しなければ、記憶もあいまいになる

視覚と聴覚で深く記憶する方法

リンカーンは、幼い頃、田舎の学校に通っていました。そこは学校といっても、床は枝を取り払った木を並べただけのもので、窓ガラスの代わりに、習字の手本帳を破いた油紙が貼られた粗末な小屋でした。そこでは、学校にたった1冊しかない教科書を先生が読み上げて、生徒は声を揃えてそれを復唱していました。

その様子はたいへんやかましく、付近の住民からは「騒々しい学校」だと苦情が出るほどでした。

覚えたいことは声に出してみる

しかし、リンカーンはそこで一生ものの習慣を身につけました。覚えたいと思うことは、すべて声に出して読むようになったのです。

彼は毎朝、自分の法律事務所に出勤すると、まずソファに横になり、長すぎて不格好な脚を隣の椅子まで伸ばして新聞を音読する癖がありました。

その様子を毎日見ていた事務所の共同経営者は「いらいらさせられた」と告白しています。

我慢ができなくなって、ある日、なぜそんなことをするのか訊いたんだ。すると彼はこう言った。「音読すれば２つの感覚で内容が捉えられる。１つは視覚、もう１つは聴覚。そうすればよく覚えられるんだよ」。

たしかに彼の記憶力は優れていた。

リンカーンは自分の記憶力について、「私の脳は鉄板のようなものだ。刻み目はなかなかつかないが、一度つけば消えることはない」とも言っています。

音読を使って２つの感覚に訴えることで、リンカーンは自分の記憶に消えない刻み目をつけていたのです。あなたも試してみてはいかがでしょうか？　思っていた以上の音読の効果にきっと驚くでしょう。

音読を習慣に取り入れてみよう

イメージを活用して要点を記憶する方法

何かを記憶に留めようとするときは、音読のように目で見たり耳で聞いたりするほか、触ったり、匂いをかいだり、味を確かめたりできれば、さらに理想的です。

感覚のなかでとりわけ重要なのは、視覚です。視覚は脳に強く働きかけます。顔はわかるが名前を思い出せない、ということがよくありませんか？

文豪マーク・トウェインは、何年もの間、記憶にまったく自信が持てず、講演のときメモに頼って失敗ばかりしていましたが、やがて視覚的記憶の有効性に気づいて、自分の記憶力に自信をつけたそうです。当時の雑誌に掲載された話を紹介しましょう。


日付は数字の羅列なので覚えにくい。数字は単調で、見た目の印象も薄いので、記憶に残らない。イメージになりにくいので、視覚としてとらえるチャンスがないのだ。

イメージにすれば、日付も記憶に残る。とくに自分で絵を描くことができれば、どんなものでもほぼ記憶に残すことができる。そう、自分でイメージを描く、というのが大事なのだ。それは経験から学んだ。

30年前、私は毎晩、記憶をもとに講演を行なっていた。毎晩、話が混乱しないようにメモを作っていた。その地域の天候は・当時の習慣は・カリフォルニアでは——というふうに、メモには話の要点の出だしだけを書いていた。

内容を飛ばすことがないように、話の順番どおりに出だしの部分を並べて書いておいたのである。しかし、どれも同じように見える。暗記はしたが、どうしても順序に自信が持てない。そこで常にメモを横に置き、講演中ときどき見るようにしていた。

あるとき、そのメモをどこかに置き忘れてきてしまった。その晩は不安でどうしようもなかった。なにか策を講じなければ。

そこで順番を思い出せるように、「そ」「当」「カ」というように話の順番のそれぞれ最初の文字だけを爪に書いて演壇に上がった。しかし、うまくいかなかった。しばらくは順番を追うことができたが、そのうち混乱し、さっきはどの爪を使って話したのかがわからなくなった。使い終わった爪の文字をなめて消すことができれば、しばらくはなんとかなったかもしれないが、変に思われたことだろう。そうしなくても、変に思われていただろうから。

聴衆には、私が話よりも爪のほうに関心があるように見えたらしい。講演後、手をどうかしたのか、と何人かに訊かれたからだ。

そのとき、絵にするというアイデアが浮かんだ。問題が解決した。2分後、ペンで6枚の絵を描いた。それは話の順番のメモと同じ役割を完璧に果たしてくれる。しかも、出来上がった絵はすぐに捨てることができた。目をつぶれば、いつでも思い出すことができるとわかったからだ。それが25年前のことである。講演の内容は20年も前に忘れてしまったが、もう一度書き出すことができる。絵を覚えているからだ。

バカげた想像が記憶を強くする

私は記憶に関する講演をしたことがあります。おもにこの章で述べていることを伝えようとしていました。そこで、要点をイメージにして覚えることにしました。窓の外で人々が叫んだり楽団が演奏したりするのにかかわらず歴史の本を読むルーズベルト、桜の木を見ているトーマス・エジソン、声を出して新聞を読むリンカーン、聴衆を前にして爪のインクをなめるマーク・トウェインをイメージしたのです。

話の順序はイメージを1、2、3と順番に覚えたのではありません。それでは難しすぎます。数字もイメージにして、要点のイメージと組み合わせてみました。

たとえば、数字の1（ONE）は、走る（RUN）に音が似ています。そこで、競走馬を数字の1と結びつけて、ルーズベルトが部屋で、馬にまたがって読書をしているのをイメージしました。数字の2（TWO）は動物園（ZOO）に似ていると思い、動物園のクマの檻《おり》のなかに立つトーマス・エジソンが、桜の木を眺めている絵を想像してみます。数字の3（THREE）は木（TREE）。リンカーンが木のてっぺんで横になり、新聞を音読しているのを頭に描きました。数字の4（FOUR）はドア（DOOR）。マーク・トウェインがドアの柱に寄りかかり、聴衆に向かって話をしながら、爪のインクをなめているのを思い浮かべました。

こうした方法をバカげていると思う人も多いでしょう。

たしかにバカげています。だからこそ効果があります。**突拍子もなく、バカげているから覚えやすい**のです。

単に、順番を数字だけで覚えようとしても、すぐ忘れてしまいますが、この方法なら忘れることはありません。3番目の要点で何を言いたかったのかを思い出すときは、木の上に何があるかを考えればいいだけです。すぐにリンカーンが思い浮かんできます。

うまくいくとは思えないかもしれませんが、とにかく試してください。驚くべき記憶力の持ち主だとみんなに驚かれるでしょう。それだけでも楽しいではありませんか。

視覚的に突拍子もないイメージは記憶に残る

脳の働きを利用した反復記憶法

現存する世界最古の大学であるカイロのアル・アズハルは、2万人を超える学生が学ぶイスラム教の大学であり、入学試験ではコーランの暗誦《あんしょう》が必須でした。コーランは新約聖書と同じくらい長いもので、すべての暗誦が終わるまで3日かかるほどです。

古代中国の科挙では、受験生たちは膨大な古典を丸暗記していました。

こうした学生たちの多くは、必ずしもずば抜けた才能を持っていたわけではありません。

それではなぜ、そんな途方もない量の記憶ができたのでしょうか？

それは、「記憶の自然法則」の2番目——反復によってです。どんなに長いものでも反復によって記憶できます。

効果的に反復記憶する方法

ただし、機械的に反復するだけでは不十分です。効果的に記憶したいなら、脳の特質に合った方法で反復する必要があるのです。エビングハウス教授は、学生たちに「deyux」「qoli」など無意味な音節の長いリストを渡し、彼らを２つのグループに分けて条件を変えて暗記させる実験をしました。リストを３日かけて覚えた学生たちは38回の反復で記憶できましたが、１日でいっぺんに覚えようとした学生は、記憶するまで68回の反復が必要でした。

ほかの心理学の実験でも、同様の結果が示されています。

これは記憶の働きに関する重要な発見です。**何かをいっぺんに記憶するのは、適切な間隔を開けて反復するのと比べて、２倍の時間とエネルギーが必要**なのです。

こうした不思議な脳の働きの原因には、次の２つの可能性が考えられます。

まず、反復と反復の間には、潜在意識が連想をより確かなものにしようと働いている可能性があること。そして、間隔を開けることで脳が疲れずにすんでいる可能性があることです。『アラビアン・ナイト』の翻訳者リチャード・バートンは、27の言語をネイティブ並みに話すことができました。それでも、一つの言語をいちどきに15分以上勉強したり、練習したりしませんでした。それ以上になると、脳が新鮮さを失うからだそうです。

こうした事実を知れば誰でも、一夜漬けでプレゼンテーションの準備をするのは避けたくなるはずです。一夜漬けでは、記憶力が半分しか働きません。

量が多いものを記憶するときは、一度に覚えようとしない

連想による関連づけで、記憶を呼び起こす

ここまでで、記憶の自然法則のうちの2つを説明しました。3つめの「連想」は、記憶を呼び起こすために不可欠な、記憶のしくみそのものと言えます。この事実を、ウィリアム・ジェームズ教授に説明していただきましょう。

脳は連想するシステムである。脈絡なく、「思い出せ！　記憶を呼び起こせ！」と命令しても、脳に「何を思い出したらいいのか」と聞き返されるだろう。記憶を呼び起こすには、きっかけが必要なのである。

記憶力は連想と密接な関係がある。記憶力が良い人は、よく連想する。〝記憶力の秘密〟とは、覚えておきたい事柄それぞれを、さまざまな関連から連想できるようにすることだ。そもそも、ある事柄を連想できるように関連づけるということは、まさにその事柄について考えることである。同じような経験をしても、その経験についてよ

く考え、それぞれの経験を系統的に関連づけた人は、それをよく記憶している。

関連づけの技術

では、どのようにそれぞれの事柄を関連づければいいのだろうか。答えは、その意味を知り、それについて考えること、である。**新しいことを覚えたら、「いつ、どこで、誰が、なぜ、どうやって」なのかということも併せて考える**ことだ。

初対面の人の外見をじっくり観察しよう。目や髪の色に注意し、顔をじっくり見よう。どんな服装をしているか、どんな話し方をするだろうか。その人の外見や個性について、生き生きとした、鮮やかな印象を得たら、それを名前と関連づける。今度、その印象が頭に浮かんだとき、名前を思い出す助けになるだろう。

何度か会った人で、会社や職業はわかるのに、本人の名前が思い出せないという経験はあるのではないだろうか。それは、職業は具体的で明確なものであり、関連した意味が絆創膏《ばんそうこう》のようにくっついている。しかし、名前には意味がない。よって、名前を覚えるには、職業に関連した連想を考えるといい。効果があるのは間違いない。

覚えにくいものは、具体的な何かに関連づける

話をすべて忘れても話を続ける方法

準備万端だったにもかかわらず、話の途中で、突然すべてを忘れてしまうこともあるでしょう。恐ろしい状況です。どうすればいいでしょうか？

つい最近、ある上院議員が同じ状況に陥りました。すると彼は聴衆に、自分の声が聞こえていますか？　うしろの席の人もはっきり聞こえていますか？　と訊き始めました。聞こえているのはわかっていました。聴衆からの答えが欲しかったのではありません。時間が欲しかったのです。そして、その間に、彼は話の流れを思い出し、先に進むことができました。

こうした状況を切り抜けるには、**直前に口にした単語や文句やアイデアを、次の文章の最初に言ってみる**という方法があります。実際にどのように使うのか見てみましょう。

たとえば、ある人がビジネスの成功について語っているとき、突然、頭が真っ白になったとします。直前に、彼はこう言っていました。「平均的従業員は昇進できない。仕事に関心がないからだ。彼らに必要なのは、仕事への——自発的な取り組み——だ」。

ここで次に言うはずの話を忘れてしまったら、最後に話したおわりの言葉である「自発的な取り組み」を使って、次の話を始めてみるのです。

それで何を言うのか、どう文章を終えるのか、わからないかもしれませんが、とにかく始めてみます。うまく話せないかもしれませんが、まったく無言になるよりましです。

「自発的な取り組み――とは、独創性とも言える。つまり仕事を言い付けられるのをいつまでも待たずに――みずからやること――だ」

際立った観察ではないし、歴史に残るスピーチにもなりません。しかし、何も言えずに苦しむより良いでしょう。さて、まだ話は続けなくてはいけません。さらに最後の言葉を使って続けます。今度の最後の言葉は「みずからやること」でした。

「みずからやること――をせず、従業員に指示や命令を出す悪影響は――想像――を超える」

さらに続けましょう。今度は「想像」について話します。

「想像力――それが必要です。想像力がなければ人類は滅びるとソロモンは言っている」

このように続けていけばいいのです。話をつないでいくうちに、予想もしなかった方向の話をする羽目になるかもしれません。しかし、切り抜けることはできます。瀕死のスピーチの多くが、この方法で救われてきたのですから。

連想で言葉をつなげていけば、すべて忘れても話を続けられる

第6章

相手を引きつけ離さない技術

あなたの態度が、相手の態度を作る

以前、セントルイスの商工会議所の会合で、林業にたずさわるロジャース氏といっしょにスピーチする機会がありました。先にスピーチを終えた私は、いい口実を見つけてすぐにでも退出したかったというのが本音でした。彼の話はきっと退屈でしょう。ところが、ロジャース氏は私が聴いたなかでも最高の話をしてくれたのです。

ロジャース氏とはどんな人物でしょうか。アメリカ西部の森林の中で、林業一筋で一生のほとんどを過ごしてきました。彼はスピーチのルールは知らないし、気にもとめていません。しかし彼の話は洗練されてはいないものの、迫力があります。技巧はなくても、きらめきがあります。文法的な間違いもあったし、スピーチでやってはいけないと言われることもやっていました。しかし、彼の話は、欠点以上にスピーチとしての長所がありました。

彼の話は、労働者として、また、労働者たちを率いる者としての人生を切り取った、どきどきするような生のエピソードでした。どこかの本から拾ってきたのではない、生きた声でした。だから聞き手の心に飛び込んできたのです。熱のこもった言葉は火の玉のようであり、それが聞き手を圧倒していました。

熱意（enthusiasm）という言葉は、ギリシャ語の語源では「私たちのなかの神」という意味だそうです。熱意ある状態とは、神に取り憑かれたような状態だとも言えそうです。

広告、営業、目標の達成においても、熱意はもっとも効果的かつ重要な要因です。

私は一時期、スピーチの「ルール」に頼り切っていました。しかし、年齢を重ねるにつれ、スピーチの「精神」というものを信じるようになっています。

熱意は説得力を作る

熱意がなければ、知識はほとんど役に立ちません。頭から頭へ伝えるのではなく、心から心へと伝えることで、話に説得力が生まれるのです。およそ2千年前の詩にこんな一節があります。「他人の目から涙を流させるには、あなた自身が悲しんでいるしるしを見せなければならない」。

宗教改革で歴史に名を残したマルチン・ルターは言います。「もし私が曲を作ったり、本を書いたり、祈ったり、説教をしたりするなら、怒りが必要だ。怒りによって体中の血が沸き立ち、理解力が鋭くなる」。

ルターは、怒りによって自身の熱意を揺り動かそうとしたのでしょう。

馬でさえ、熱意が込められた話には影響を受けます。動物訓練士として有名なライニーは、自分がそれを口にすれば、馬の脈拍を1分当たり10回速くさせる言葉を知っているそうです。当然、聴衆は馬と同じくらいには感受性が強いでしょう。

話し手の態度が、聞き手の態度を決めています。それを忘れないでください。私たちに熱い気持ちがなければ、聞き手も熱い気持ちにはなれません。私たちが遠慮がちなら、聞き手も遠慮がちになります。私たちの関心が中途半端なら、聞き手の関心も中途半端です。しかし、私たちが心から信じることを誠実に、飾らずに、力強く、確信をもって語れば、聞き手もそれを受け止めてくれます。

情熱はあらゆる欠点をカバーする

ニューヨークの有名な講演家マーチン・リトルトンは、「私たちは理性によって行動すると思いたがっているが、実際は感情によって行動している」と述べます。「真面目すぎたり、気の利いたことを言おうとしたりすると失敗する。しかし、心から信じることを話す人は失敗することはない。ホワイト・レグホーン種の鶏の飼い方についてだろうと、アルメニアのキリスト教徒の苦境についてだろうと、聴衆に伝えたいメッセージがあれば、スピーチは炎のように熱いものになるだろう。どのような言葉を使うかは重要ではない。大事なのは、聴衆に向けて発せられる誠実さと感情の力である」。

熱意と誠意と意欲があれば、話し手の影響力は蒸気のように広がります。たとえ５００の欠点があったとしても、失敗しないのです。偉大なピアニストであるルービンシュタインは、頻繁にミスタッチをしたとも言われていますが、気にした人は誰もいません。聴衆の心は、彼の奏でるショパンの曲の熱演で満たされていたからです。

歴史書によると、アテネの強力な指導者であったペリクレスは、演説の前に、価値のない言葉を一語として漏らさないように神に祈ってから、情熱を込めて演説したそうです。

アメリカの女流作家ウィラ・キャザーは、「芸術家の秘密とは、情熱です。これは公然の秘密です。それは、安っぽい材料では真似ができません」と言いました。話をする人も芸術家であるべきです。

情熱。感情。気迫。誠実さ。こうしたものが話から感じられれば、聞き手は小さな欠点など見逃してくれます。いや、気がつかなくなるのです。リンカーンの声は不快感を感じるほど甲高かったし、古代ギリシャで名声のあった弁論家デモステネスには吃音《きつおん》がありました。しかし、彼らには情熱がありました。不利な条件をものともしない強い気持ちが、すべての欠点を覆い尽くしてしまうほどの長所となっていたのです。

熱意は、スピーチのなかでもっとも重要な要素の一つ

自分の話の価値を信じ込むと、説得力が生じる

ブランダー・マシューズ教授は、ニューヨーク・タイムズ紙に「話し手に心から訴えたいものがあることが、すぐれたスピーチの本質である」という興味深い記事を書いています。

私は、コロンビア大学のスピーチコンテストで審判の一人を務めたときに、それを痛感しました。コンテストには6人の大学生が参加していました。みんなよく訓練されていて、うまくスピーチをやり遂げようとしていましたが、一人を除いては、頑張っているのはメダルを獲得するためでした。聞き手を説得しようという気はほとんど、あるいはまったくないように見えました。内容に強い関心を抱いていたのではなく、彼らにとってこのコンテストは単に話し方の練習にすぎなかったのです。

だが、ズールー族の王子だけは違いました。彼は『現代文明に対するアフリカの貢献』というテーマを選び、すべての言葉に強い感情を込めました。彼にとってこのス

ピーチはただの話し方の練習ではなく、確信と情熱から生まれた、命あるものでした。彼は民族と大陸を代表して語りました。伝えたいことがあり、誠意を込めて話したのです。スピーチの技術の面では、2人か3人ほど彼よりすぐれた人がいましたが、メダルを獲得したのは彼でした。私たち審判は、彼に真の炎が燃えるのを感じたのです。それに比べると、ほかのスピーチは作り物の火のようでした。

多くの話し手がこの点で失敗しています。言葉のなかに、確信や願望や衝動がなければ、それは火薬が抜かれた銃弾のようなものです。

「なるほど。では、そこまであなたが称賛している真剣さや気迫や熱意は、どうやって育てればいいのですか?」

きっと、そう疑問をお持ちになるでしょう。確実なのは、「表面的な話をしていてはだめだ」ということです。**聞き手に聞く耳があれば、話し手の関心がうわべだけのものか自身の心の奥深くを表そうとしているものかは、伝わってしまいます。**

惰性から抜け出しましょう。

心を込めて準備しましょう。

自分のなかに埋もれている力を掘り起こし、事実とその事実の背後にある原因を探り当てるのです。

集中し、じっくりと取り組み、自分にとって重要なものになるまで考え抜いてください。結局は、十分かつ正しい準備によって決まるのです。心の準備は、思考の準備と同じくらい重要です。

自分の話には崇高な使命があり、相手の役に立つと信じる

一例を挙げましょう。

私は、貯金キャンペーンが行なわれている時期に、ニューヨーク市のアメリカ銀行協会の会員を対象に、話し方の研修を行ないました。

参加者のうちの一人が、とりわけ力強さに欠けていました。彼はただ話したいから話しているだけで、自分が話すテーマである貯金について、とくに熱意を抱いているわけではありませんでした。

彼の第1ステップは、熱い気持ちを持つことです。私は彼に、テーマに熱意を感じるまで考えるように言いました。さらに、85％以上の人が貯金を残さずに亡くなり、1万ドル以上を残す人はわずか3・3％である――というニューヨークの裁判所の記録を思い出してもらいました。

また彼には、聞き手に便宜を図ってもらおうとか、無理な頼みをしようとして話しているわけではない、ということも思い出してもらいました。

「自分の話を聞く人は、老後に衣食や安心を得られ、さらに死後も家族が心配のないよう準備できる」と彼自身が信じ込むことが重要だったのです。**自分は話すことによって、広い意味で社会貢献をしようとしているのだと信じることが大事**です。

その結果、彼はみずからの話に関心を覚えるようになり、さらに熱意を抱くようになり、自分の使命が神聖なものだと感じるようになりました。

自然と、彼の言葉に説得力が生まれました。のちに彼は貯金に関するスピーチで注目を集め、アメリカ最大の銀行に引き抜かれていきました。

確信・願望・衝動のない言葉は、火薬のない銃弾と同じ

人を引きつける信念と情熱を探す

ある青年がヴォルテールに向かってこう言ったそうです。

「私は生きなければならない」

すると、ヴォルテールは答えました。

「私にはその必要性がわからない」

世間は、あなたが言うことに対して、たいていこの程度の反応しか示してくれません。あなたの話の必要性をわかってくれないのです。しかし、スピーチを成功させるには、あなた自身がその必要性を感じなければなりません。必要性を感じていれば、あなたの頭はそのことでいっぱいのはずです。しばらくの間、あなたにとって、それが地上で最も大切なものに思えるでしょう。

わかりやすい話をすることで有名な伝道師ドワイト・ムーディは、「神の恵み」についての説教を準備しているときにあまりに気持ちが高ぶってしまい、帽子をつかむと書斎を出て、通りまで歩いて行ってしまいました。そして、最初に出会った人にいきなり「神の恵みとは何か知っていますか」と尋ねたそうです。それほど熱意に燃えている人の話なら、聴衆が魔法にかかってしまうのも当然です。

関心を持てるテーマを見つける

以前パリで開いた講座では、ある受講生が、毎晩毎晩、無味乾燥なスピーチを続けていました。

彼はある事柄の専門家であり、知識も十分にありました。しかし、それを話のテーマと結び付けることができませんでした。当然、彼の話は魂が抜けてしまっています。

彼が大切なことを話しているようには聞こえず、聞き手もほとんど注意を払いませんでした。彼の話は自画自賛にしか聞こえません。私は何度も話を中断させ、彼の心を揺り起こし、力を送り込もうとしましたが、まるで冷え切ったラジエーターから蒸気を出そうとしているような気分でした。

しばらくしてやっと、準備の仕方が間違っていたことを、彼に納得してもらうことができました。頭と心をつなげなければならないと説明し、**たんに事実を述べるだけでなく、それに対する意見も述べるべき**だとアドバイスしました。

次の週、彼はついに、語る価値のあるテーマを見つけてきました。熱い関心を寄せられるものが見つかったのです。それは、今までの魂の抜けたスピーチとは正反対の、愛のこもったメッセージでした。彼はそれを熱心に語り、聴衆から長く温かい拍手を受けました。心から湧き上がる熱意を生み出したことによる、突然の勝利です。これこそまさに、準備の本質なのです。

自分自身さえ知らない自分を発見する

第3章で学んだように、話すために本当に必要な準備は、判で押したような言葉を紙の上に書き出したり、文章を丸暗記したりすることではありません。本や新聞記事の考え方の受け売りをすることでもありません。**自分の心と人生を掘り下げ、心の底から信じるものや情熱を発見する**ことです。

それは、他人のものではなく、自分自身のものでなければいけません。深く、深く掘り下げれば、きっと見つかります。それを信じましょう。心の奥底には、自分自身さえ知らなかったものが眠っているはずです。

あなたは、自分自身の強さを知っていますか？　おそらくご存じないでしょう。ジェームズ教授によると、普通の人は精神力の10％も開発していません。8気筒のうち1気筒でさえ、十分に働かせていないのです。

話すときに大切なのは冷静な言葉ではなく、人であり、精神であり、その言葉を信じる気持ちなのです。

話す力でもっとも重要な要素は、あなた自身であることを忘れないでください。アメリカの思想家エマーソンがすばらしいことを言っています。

「どうしても言いたいことを言いなさい」

自己表現の技術について、これ以上すばらしい説明は聞いたことがありません。もう一度、繰り返します。

「どうしても言いたいことを言いなさい」

話す力は、あなた自身の姿とイコールになる

熱意は態度で表現する

ある日、リンカーンの法律事務所に、独立戦争で夫を亡くした腰の曲がった老婦人がやってきました。年金をもらおうと代理業者に依頼したら、年金受給額の半分という法外な手数料を取られたという彼女の訴えを聞き、憤《いきどお》ったリンカーンはすぐさま訴訟を起こしました。

彼は訴訟のためにどんな準備をしたのでしょうか？　彼は建国の父ワシントンの伝記と独立戦争の歴史を読んで気持ちと感情を奮い立たせました。

実際に法廷で話したときは、愛国者たちが自由を求めて戦うことになった経緯や、兵士たちの語られざる苦難を語り、それから英雄の未亡人から年金の半分を奪い取った悪人のほうへ向き直ると、怒りをあらわにして、鋭い目で睨みつけながら激しく非難しました。

「時は流れ、英雄たちは亡くなりました。そして今、その未亡人は身動きがとれず行き場を失って、『不正を正してほしい』と陪審員の皆さんと私のところにやって来ました。かつては美しい女性でした。足取りは軽く、顔は輝き、声はバージニアの山々で聞こえるどんな音よりも心地よかったのです。しかし今では貧しく、助けてくれる人もいません。子供時代を過ごした場所から何百キロも離れたこの地で、私たちに訴えています。私たちに、思いやりある支援と義侠心にもとづく保護を求めているのです。私が訴えたいのはただ一つ。彼女の力になってあげられないでしょうか、ということです」

リンカーンが話し終えたとき、涙を流している陪審員もいました。彼らはその老婆が求めていた額を1セントも違わずに彼女に返すべきだという評決を出しました。

熱意と情熱を生むのにまず必要なのは、心から伝えたいメッセージが見つかるまで準備をすることです。

先に示した通り、「行動は感情に従うようにみえる。しかし行動と感情は同時に起こる。よって意思の力が効きやすい行動のほうをコントロールすれば、意思の力が効きにくい感情のほうも間接的にコントロールできることになる」と、ウィリアム・ジェームズ教授は言っています。

つまり、**自分が熱意と情熱を感じるには、他人から熱意と情熱があるように見える行動をすればいい**わけです。たとえば、テーブルに寄りかからないでしっかりと立つ。身体を前後に揺すらない。上下にも揺すらない。疲れた馬のように、体重を片足から片足へと移すのもいけません。不安と動揺を示すような神経質な動きをしないよう気をつけます。身体をコントロールしましょう。「レースでの走りを楽しむ強い人」のように立って、酸素を肺に吸い込みます。深く吸い込みましょう。そして、聞き手をまっすぐ見ます。「今すぐ話さなければならないことがある」。そう信じて聞き手と向き合うといいでしょう。生徒たちを前にした教師のように、自信と勇気を持って見ます。実際にあなたは教師であり、聞き手はあなたの話を聞いて学ぶのですから、自信を持って熱く語るのです。

ジェスチャーの鼓舞効果

強調のためのジェスチャーもつけてみましょう。いまはまだ、それが美しいか、優雅かどうかは気にしなくていいです。力強く、自然なものにすることだけを心がけてください。当面は、聞き手に伝えるためでなく、自分のために使います。

じつは、ジェスチャーには驚くべき効果があります。たとえばラジオの視聴者に語りかけるときでさえ、ジェスチャーは重要なくらいです。もちろん、聴取者にはそれは見えませんが、ジェスチャーを使えば伝わるのです。ジェスチャーによって、声の調子や全体的な話しぶりに活気が生まれるからです。

私は、生気のないスピーチを中断させて、話し手にジェスチャーを使うように指導したことが何度もあります。無理にでもジェスチャーを使えば、それによって話し手自身が刺激を受けて、勢いづき、やがて自然とジェスチャーがつけられるようになるからです。表情も明るくなり、姿勢全体が熱意あふれるものになります。

熱い行動をすることで、熱い気持ちが湧いてきます。

とりわけ大事なのは、口を大きく開けて話すことです。司法長官のウィッカーシャムがかつて私にこう言いました。「普通の人が聴衆の前で演説をしようとすると、9メートル離れただけで聞こえなくなる」。

これは誇張ではありません。先日、ある有名大学の学長のスピーチを聴いたとき、前から4番目の列に座っていたにもかかわらず、半分も聞き取れませんでした。また、あるヨーロッパ主要国の大使がユニオン大学の卒業式でスピーチをしたときは、彼のもごもごした話し方のせいで、演壇から数メートル離れたら、もうほとんど聞こえませんでした。

話し慣れた人でさえそうなのです。初心者がどうなるか想像するのは簡単です。

会話をするときのように、しかし、大きな声で話しましょう。30センチしか離れていなければ細い字でも見えますが、ホールのうしろまで見えるようにするには太くて大きい字にしなければいけません。

説得力ある熱意は、姿勢や行動から生まれる

話をする前に、自分を奮い立たせておく

ある有名な聖職者が、地方の説教師から「暖かい土曜の午後に聴衆を眠らせないでおくにはどうすればいいですか?」と尋ねられ、こう答えたそうです。「案内係に鋭い杖を持たせて、あなたを突っつかせるといい」。

この話には大事な教えが込められています。それを知れば、話し方に関するたいていの本よりも役に立つはずです。話し手が緊張をほぐし、みずからを解放できるようにする確実な方法の一つは、**スピーチの前に刺激を与える**ことです。そうすれば、生き生きとして気迫のある、熱がこもった話になるでしょう。役者は、舞台に上がる前に自らを奮い立たせるのが大事なことを知っています。手品師フーディーニは舞台裏で飛び回ったり、拳を宙に突き上げたり、想像上の敵とスパーリングすることで気持ちを引き上げていました。意図的に怒りを爆発させることで、エネルギーを増幅させ、気持ちを高ぶらせる人もいます。舞台脇に立って胸を激しく叩きながら、出番の合図を待っている役者を見たこともあります。

私は話し方講座の受講生に、スピーチをする少し前に血がめぐるように体中を叩くよう指示することもあります。講座では、スピーチの前に、激しいジェスチャーをつけながら、力と怒りを込めて、練習させたりします。走り出したくてうずうずしているサラブレッドのような状態で、聞き手の前に出ていくのが望ましいからです。

休息で活力を取り戻す

スピーチの当日は、できればしっかりと休んでください。理想を言えば、寝間着に着替えて、数時間、眠るといいでしょう。可能なら、その後、冷たいシャワーを浴びたり、プールで泳いだりすることもおすすめします。

私はヒッコリーの木を切り、枝を落として丸太にしたことがありますが、聴衆に向かって2時間話し続けるというのは、それと同じくらい疲れるものです。政治家ダッドリー・マローンは、ニューヨークで大勢の聴衆に向かって熱のこもった演説をして、1時間半後にクライマックスが訪れると、疲れ果てて気を失い、そのままステージから運び出されています。

熱がこもったスピーチには、体力も必要

確信を伝えるには、気弱な言葉を使わない

気が弱い人は、自分の話に「……と思う」とか「おそらく……」とか「私の意見では……」といった言葉をつけ加えてしまいがちです。

初心者に共通する問題は、こうした気の弱い言葉をつけ加えてしまうことです。ニューヨークのあるビジネスマンは、車でコネチカット州を旅行したときのことを、「道路の左側には、タマネギ畑があるようだった」と話していました。

そもそも「タマネギ畑があるようだった」というのはおかしくないでしょうか？　あるかないかのどちらかのはずです。タマネギ畑を見るのに特別な能力が必要なわけではないのですから。

このように話し手は、ときにひどく愚かなことを口にしてしまいます。気の弱さを示したり、いいわけをしたりするような言葉が、自信や確信を生みだすはずがありません。

民主党で大統領候補に3回選出されたウィリアム・ブライアンが、初めて大統領選に出馬

したとき、少年だった私は、どうして彼が「当選するのは自分で、対立候補のマッキンリーは落選する」と、何度も言い切っているのか不思議に思っていました。理由は単純でした。一般大衆は力説されるとそれに証拠があるように感じる、とブライアンは考えていました。同じことを何度も繰り返して強調すれば、最後には聞き手がそれを信じることを知っていたのです。世界の偉大なリーダーたちの多くも、同じような話し方をしています。

知的水準が高い聞き手は、主張の押しつけを嫌う

このように言葉に力を込め、前向きに話すことは大切です。しかし、前向きすぎてもいけません。時と場所、テーマ、聞き手によっては、前向きすぎると、かえって逆効果になることもあります。一般的に、聞き手の知的水準が高いほど、主張を押しつけると失敗する可能性が高くなります。考える人たちが求めているのは、教えであって扇動ではありません。事実を示してもらってから、自分で結論を出すことを望んでいるのです。問いを投げかけてもらいたいのであり、絶え間なく言葉を浴びせかけられることなど求めていません。

押しつけにならない範囲で、はっきりと言い切る

聴衆に愛される秘訣は、自分が聴衆を愛すること

何年か前、イギリスで多くの講演者を採用したことがあります。苦労の多い、費用がかかった試用期間が終わると、うち3人を解雇し、1人を5千キロ離れたアメリカへ送り返しました。彼らには共通して、聴衆のためになろうという純粋な気持ちがなく、関心は他人のことではなく、自分と自分の給与のことばかりで、それがあからさまでした。彼らは聴衆に対して冷たかったので、聴衆も彼らに対して冷たい態度になりました。

聞く耳がある人なら、スピーチが口先だけのものなのか、心の底から湧き出たものなのかはすぐにわかります。犬にだって感じとれることです。

聞き手を愛する人は成功する

私は、講演者としてのリンカーンを研究したことがあります。彼はアメリカでもっともすぐれた話し手でした。彼のスピーチの力には、天才的なところもありましたが、むしろ彼の

聴衆に及ぼす力の大きさの源泉となっていたのは、**共感を示し、正直で、親切であるという、人を愛する態度そのもの**だったと言えます。

有名なプリマドンナであるエルネスティーネ・シューマン＝ハインクはこう言っています。「私が成功したのは、観客のためになることだけを考えているからです。観客を愛しています。観客は私の友人です。観客の前に立った瞬間、絆を感じられるのです」。

だからこそ、彼女は世界的な成功を収めたのです。私たちも、彼女と同じような気持ちを育ててみましょう。話す力の本質は、肉体的なものでも知的なものでもありません。話す力とは、精神的なものなのです。

アメリカを代表する政治家だったダニエル・ウェブスターが臨終の床で枕元に置いていたのは、新約聖書です。それは話し手なら誰もが、生きている間、枕元に置くべきものかもしれません。

イエスは人々を愛しました。イエスが道ばたで説教をすれば、人々の心は燃えました。スピーチに関するすぐれた書物を探しているなら、新約聖書もそのうちの一つです。

スピーチの本質とは、精神的なものである

第7章

最大限に「伝える」技術

話し方が悪いと、内容は伝わらない

かつてロンドンで、スミス兄弟と知り合いました。ふたりはロンドンとオーストラリア間の初飛行に成功し、オーストラリア政府から5万ドルの賞金を獲得し、当時の大英帝国中で大評判になって国王からナイトに叙任されていました。

有名な風景写真家ハリー大尉が飛行の一部に同行し、映像を撮っています。私は、彼らが飛行に関して話す原稿の準備を手伝ったり、話し方の訓練をしたりしました。一日2回のふたりの講演は、ロンドンのフィルハーモニック・ホールで4カ月にわたって行なわれました。

ふたりは並んで座って世界を半周し、まったく同じ経験をしています。だからスピーチの内容も、一言一句、ほとんど同じはずです。

ところが、彼らの話は、まったく違うスピーチのように聞こえたのです。

話し方一つで印象も変わる

スピーチには、言葉以外にも大切なものがあります。それは話し方によって伝わる味わいです。内容が同じでも、どう話すかで印象は変わってしまいます。英国議会には、「すべては内容ではなく、話し方にかかっている」という古い警句があります。

「スピーチに大切なことは3つある。誰が言ったか・どう言ったか・何を言ったか、だ。そのなかでもっとも重要度が低いのは、何を言ったか、である」。モーリー卿は皮肉まじりにこう述べましたが、言いすぎとも言えない面があります。

英国の政治家エドマンド・バークが書いたスピーチ原稿は、論理、論法、構成がすぐれたすばらしいもので、アメリカ国内の大学の半数で弁論の手本として使われているほどです。しかし、バーク自身の話し方は最悪だったといわれています。彼には自身の言葉を、おもしろく迫力をもって伝える力がまるでありませんでした。彼が発言のために立ち上がると、ほかの議員たちは居心地の悪さに咳払いをしたり、もぞもぞしたり、外に出ていってしまいました。

話し方を工夫しないと、すばらしい内容でも伝わらない

相手に伝えたいという意識を持つ

デパートが商品を顧客の元に届けるとき、ドライバーが荷物をあなたの家の裏庭に投げ込んだら、それで配達は終わりでしょうか？　ドライバーの手を離れたら、届いたことになるのでしょうか？　書留の配達員は、受取人に直接手渡しします。

では、話をするときはどうでしょうか？

何千もの人たちの話し方に、共通する例をあげてみます。スイスのアルプスにある避暑地ミューレンに滞在していたときのこと。宿泊先は、ロンドンの企業が経営しているホテルでした。そこでは、毎週2人の講師をイギリスから招いて、講演会を開いていました。そのうち一人はイギリスの有名女性作家で、「小説の将来」というテーマで話してくれました。そのテーマは彼女自身が選んだものではないということを、私は本人から聞きました。

要するに、彼女はそのテーマについて話したいことがあるわけではないので、話す価値があるかのように話すことだけを考えていたというのです。急いでメモを作り、聴衆の前に立つと、彼女は聴衆に関心を持たず、目をやることさえせず、遠くを見たり、メモを見たり、床を見たりしていました。彼女はどこか遠くを見ながら、目の前に向かってではなく、どこか遠くへ向かって話しているようでした。

これではスピーチではなく、独り言です。何かを伝えようという意識がありません。聞き手に伝えるという意識が、スピーチでは一番重要です。話し手の頭と心から、自分の頭と心に直接伝わってくるという感覚が聞き手には必要なのです。この女性作家のようなスピーチは、ゴビ砂漠の乾いた荒野でするべきです。実際、生きた人間を相手にしているのではなく、そうした場所で話しているような感じがしていました。

「伝える」というのは、きわめて単純であると同時に、きわめて複雑なプロセスです。

普段よりエネルギーを高めて話す

話し方について、これまでにも意味のないことがたくさん書かれてきています。それら多くの、ルールや儀式に覆われた旧態依然とした「演説法」は、いまいましく、バカげています。図書館や書店へ行けば、「話し方」に関する書籍がたくさん見つかりますが、ほとんど役に立ちません。

かつては「話し方」の作法として美辞麗句を使うのが当たり前でしたが、今では単刀直入で具体的な話し方が求められています。

また、話し手には聴衆の1人に語りかけるような自然さが求められています。それは聴衆の数が、会議室にいる15人であろうと大会場の1000人だろうと同じです。

しかし、1人に語りかけるように話すとしても、本当に1人に語りかける程度の力の入れ方ではスピーチはできません。それでは、聴衆全員に声が届きません。40人を前にしても、力を抜いた自然な話し方をしているように感じさせるには、1人に話しかけるよりもはるかに多くのエネルギーを使います。ビルの屋上の彫刻を地上から等身大に見せるには、巨大なものにしなければならないのと同じです。そのためには、実際のいつもの話し方より、エネルギーを込めて話します。

良い窓は、それ自体は目立たず、ただ光を通すのみ

先ほどの女流作家の講演の数日後、同じホテルの大広間でオリバー・ロッジ卿の講演を聴きました。テーマは「原子と世界」。彼は半世紀以上もその問題について考え、研究、調査、実験を重ねてきています。彼は本質的に心と体と人生の一部であるもの、つまり話したいものを持っていたのです。

彼は、自分がスピーチをしていることさえ忘れていました。ただ、原子について、正確に、

わかりやすく、心を込めて話すことだけを考えていたのです。**自分が見ていること、感じていることを、聞き手にも見て、感じてもらおう**としていたのです。

その結果はどうだったでしょう？　すばらしいスピーチになりました。魅力も迫力もあり、聴衆に深い感銘を与えました。彼は卓越した能力を持つ話し手でした。しかし彼は、自分のことをプロの講演者だとは思っていなかったでしょう。また、聴衆のなかにも、彼がプロの講演者であるかのように感じた人は、ほとんどいなかったはずです。

あなたのスピーチを聴いた人が、あなたのことをスピーチの訓練を受けた人だと思ったとしたら、あなたの指導者にとっては不名誉なことです。訓練を受けたことを感じさせないような、自然な話し方をするのを、聞き手は望んでいるからです。

良い窓はそれ自体が目立つことはありません。ただ光を通すだけです。良い話し手も同じです。話し方が自然なために、聞き手はその人の話し方が気にならず、話の内容だけに意識を向けることができるのです。

訓練を感じさせない自然な話し方を目指す

本当の自分を引き出す練習

ヘンリー・フォードは言います。「フォードの車はすべて同じである。しかし、人間はすべて同じではない。太陽のもとで新たに生まれるものは、まったく新しいものだ。同じ人はこれまでいなかったし、今後もいない……他人と自分とを分ける個性のきらめきを求め、それを伸ばすべきである。社会や学校は、同じ型にはめたがるだろう。しかし、個性のきらめきを失ってはいけない。それこそがあなたの価値なのだから」。

スピーチもまったく同じです。あなたと同じ人はこの世にはいません。あなたとまったく同じ顔の人はいませんし、あなたとまったく同じ特徴や考え方や気質を持った人はいません。あなたが自然に話すときと同じように話す人もいないでしょう。つまり、それがあなたの個性です。そしてそれが、話し手として、最も貴重なものなのです。それを大切にして、育てましょう。それは、あなたの話を迫力のある真摯なものにするきらめきです。「それこそがあなたの価値なのだ」とヘンリー・フォードが言うように。

言うのは簡単ですが、実行するのは、けっして簡単ではありません。「考えるのは簡単だが、残念ながら、実行は難しい」とフォッシュ元帥が戦術について語っています。

人前で自然に話ができるようになるには、練習が必要です。俳優はそれをよく知っています。あなたも4歳の頃は、演壇に上がり、聴衆の前で自然に「暗唱」ができたかもしれません。しかし、24歳、あるいは44歳で演壇に上がって話すとしたら、どうでしょうか？　4歳のときと同じように、何も考えずに自然体のままでいられるでしょうか？　緊張して、固くなって、ぎくしゃくして、亀のように甲羅に閉じこもってしまうのは当たり前ではないでしょうか？

訓練は、新たな性格を作るためではなく、自然さを引き出すために行なう

話し方を教えたり訓練したりするのは、新たな性格を押し付けることではありません。主として、問題を取り除いて心を自由にし、自然さをもって話をさせることが目標です。

私はスピーチを遮って、「あなたらしく話してほしい」と助言したことが何度もあります。受講生たちが自然に話せるように訓練しようとして、精神的に疲れ果て、神経をすり減らして帰宅した夜が何回もあります。簡単なことではありませんでした。

自然に話すコツをつかむには練習するしかありません。練習で、自分がぎこちなく話して

いると感じたら、少し間《ま》をとって「もっと自然に」と自分に語りかけるのもいいでしょう。

聞き手のなかから一人、うしろのほうで退屈そうにしている人を選んで、その人に向かって話すことも良い練習になります。ほかの人のことは忘れ、その人とだけ話をするのです。その人から質問を受け、それに答えていると想像しましょう。もしその人が立ち上がってあなたに話しかけ、あなたがそれに答えるとしたら、あなたはもっと砕けた口調で、もっと自然に、もっと率直に話すのではないでしょうか。そうしたことが実際に起こっていると想像するのです。

実際に質問をして、答えるのも良い練習です。たとえば、話している途中でこう言います。「みなさんは、どんな証拠をもとにそう主張するのか、と思うかもしれませんね。証拠は十分にあります。それは……」と、続けるのです。それならば、自然に話ができるでしょう。単調になるのを避けられるし、率直で、心地良い、会話をしているようなスピーチになります。

誠実さ、情熱、熱意も助けになります。感情が高ぶれば、本当の自分が現れます。垣根が取り払われるからです。熱い感情がすべての囲いを焼き尽くします。そうなれば、自然に振る舞い、自然に話し、自然の自分になることができます。

つまり、**最後には、本書で強調してきたことに戻る**のです。それは、**スピーチに心を込め**

る、ということです。

イェール大学神学部のブラウン学部長は、説教に関する講義のなかで、ある友人について次のように述べました。「彼はこう言いました。『私は信仰とは何かを説明しようとするつもりはありません。私よりもうまく説明できる神学の教授がたくさんいるからです。私はみなさんの信仰のお手伝いをするためにここにいるのです』。そしてそれから、聴衆の頭と心に信仰が芽生えるよう、永遠で見えない真実を信じることについて、わかりやすく、心に染み入るように、堂々と説教しました。彼は心から語りました。その話には影響力がありました。彼の内面の純粋な美しさが反映されていたからです」。

絶対確実なルールは、役に立たない

心から語る――それが秘訣なのです。しかし、このような助言は好まれないようです。曖昧で、よくわからないからでしょう。たいがいの人は絶対確実なルールを求めます。明確で、頼りになるもの。フォード車を運転するときの指示のような正確な決まりがほしいのです。

みなさんはそうしたものを求めていますし、私もそうしたものを与えたいと思います。双方にとって、そのほうが簡単です。そうしたルールはあるにはありますが、一つだけ小さな問題があります。そのルールが役に立たないということです。それは、自然さ、自発性、活力、元気を奪い取ってしまうからです。私はそれを経験しています。若い頃、そうしたルールを試してみて、多くのエネルギーを消耗しました。だから、ここでは説明しません。役に立たないものをたくさん知っていても、やはり役には立ちません。

話し方の秘訣は、最終的に「心から語る」ということに戻る

原則①　重要な言葉は声に力を入れる

これから、より明瞭に生き生きと話すために、自然な話し方に見せる4つの原則を紹介します。これを紹介すべきかどうか迷いました。というのも、読んだらおそらく「なるほど。これさえやればうまくいくのか」と考える人がいるからです。しかし、それは間違いです。

これから紹介する原則のほとんどは、あなたがすでに昨日の会話でも、夕食を消化するかのように無意識に使っているものです。無意識に使うことが、これらの原則の唯一正しい使い方です。がんばって使おうとすると、固くぎこちなくなります。スピーチに関するかぎり、それは練習によってしか身につきません。

会話をするとき、私たちは大事な言葉に力を込めます。それは奇妙なことでも、不自然なことでもありません。よく聞いてみれば、あなたのまわりでいつも起こっています。あなた自身も、昨日、何百回も何千回もやっていて、明日も同じことをするでしょう。たとえば、次の文章を太字の部分を強く読んでください。どんな効果があるでしょうか?

「負けると思ったら、負ける。**勇気は出そうと思わなければ、出ない。**勝ちたいと思っても、**勝てると思わなければ、まず勝てない。**人生の戦いでは、常に強い人や速い人が勝つとは限らない。しかし、**最後には、勝てると思う人が勝つ**」作者不明

「**固い決意は何よりも重要である。**偉大な人になりたい、あるいは偉業を成し遂げたいと考える者は、多くの障害を乗り越えるだけでなく、**1000回失敗して敗北しても、勝とうと決意しなければならない**」セオドア・ルーズベルト

次に太字にこだわらず、意味がはっきり伝わり、相手を説得できるように、自分なりに読んでみれば、重要な言葉は無意識に強調していることを感じるはずです。読み手が変われば違う読み方になるでしょう。どこを強調するかについては、厳密なルールはありません。ケースバイケースです。

無意識に行なうことが、原則を活用する唯一のコツ

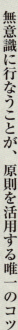

原則❷ 言葉によって、声の高さを変える

私たちがふだん会話をしているとき、声の高さは、無意識に高くなったり低くなったりを繰り返し、海面のように揺れ動きます。

理由は誰にもわかりませんし、気にもしませんが、そのせいで声が心地よく自然に聞こえることは確かです。これは私たちが子供の頃、知らないうちに身につけました。

しかし、いざ聴衆の前に立つと、身につけたことをすっかりどこかに忘れてきてしまい、まるで砂漠のような単調な話し方になってしまいます。

声が単調になったと気づいたら——たいていは高い声になっています——ひと呼吸置いて、自分に「もっと自然にやろう」と言い聞かせてみましょう。

自分に言い聞かせることが役に立つのでしょうか？　たぶん、少しは役に立つでしょう。それ以前に、ひと呼吸置くこと自体が役に立つのです。

声の高さを上げたり下げたりすることで、自分が選んだ言葉を、前庭の緑の木のように際

立たせることができます。
次の例文の太字の箇所を、低い声で読んでみましょう。
「私の唯一の長所は、**けっして失望しないことだ**」フォッシュ元帥
「教育の大きな目的は**知識ではない。行動だ**」ハーバート・スペンサー
「私は86年生きてきて、多くの人が成功するのを見てきた。そして、成功に必要な要素のうち、**もっとも重要なのは信念**だとわかった」ギボンズ枢機卿

声を低くしたり、高くしたりして、言葉を際立たせる

原則③ 言葉の重要度によって、話す速度を変える

子供が話すときや、大人が通常の会話をするとき、つまりどんな場面でも、私たちは話す速さを常に変えています。それは心地良く、自然であり、意識せずとも強調の働きをしています。考えを際立たせる最も良い手段の一つです。

ウォルター・スティーヴンズは、ミズーリ州歴史協会発行の『記者が見たリンカーン』のなかで、リンカーンが要点を明確にするためにこの手法を使っていたと述べています。

「彼は早口で話し、強調したい箇所にくると速度を落として、声を強め、そのあとは文末まで稲妻のように話し終えた……強調したい言葉には、それほどでもない言葉の6倍の時間をかけたのである」

このような話し方なら、常に注意を集められるでしょう。私はよく講演のときに、次のギボンズ枢機卿の言葉を引用しています。「勇気」に関する考え方を強調したいときは、太字のところを、感銘を受けたかのように——実際に感銘を受けています——ゆっくりと口にし

ます。あなたも次の文章を読んで、その効果を試してみてください。

私は86年生きてきて、多くの人が成功するのを見てきた。そして、成功に必要な要素のうちもっとも重要なのは信念だとわかった。**勇気がなければ、偉大なものは手に入らない**」

もう一つ試してみてほしいことがあります。

「3億円」

と、いかにも少額であるかのように、速くつまらなそうに言ってみます。次に、

「3千万円」

とゆっくり心を込めて、大金であることに驚いているかのように言います。

3千万円のほうが、3億円よりもずっと多く感じられないでしょうか?

強調したい言葉は、ゆっくり話す

原則④ 重要なところは、沈黙を使う

リンカーンはスピーチの最中によく「間」をとっていました。聞き手に深い印象を与えたいと思う重要な箇所にくると、前かがみになって、聞き手の目をしばらくまっすぐに見つめたまま沈黙するのです。

急な沈黙は、急に声をあげるのと同じように、聞き手の注意を引きつける効果があります。聞き手ははっとして、警戒し、次の言葉をじっと待つことになります。

たとえば、上院議員選挙で敗北が濃厚になりつつあったとき、リンカーンは演説の締めくくりで急に話をやめ、無言で、涙をいっぱいにためているように見える窪んだ目を聴衆に向けたことがありました。すると、聴衆は彼の一語一句に耳を傾けるようになったそうです。

リンカーンは、強調したいと思う文句のあとにも間をとっていました。言葉が聞き手の心に浸透し、その使命を果たすあいだ、沈黙することによって言葉の力を増幅したのです。

オリバー・ロッジ卿は、重要なことを述べる前と後に、よく間をおきました。ときには一

つの文章を話すあいだ、3回も4回も間をおくことがありましたが、自然かつ無意識に行なっていたので、彼の話し方を分析した人でないかぎり気づかなかったでしょう。「沈黙によって話しなさい」と、キプリングは言っています。

スピーチのなかで巧みに使われる沈黙ほど、価値あるものはありません。それは強力なツールであり、無視できないほど重要なものなのに、話し方の初心者ほどそれを無視します。

次に、ある文章からの一節を抜粋しました。話し手が間をおくだろうと思われる箇所を示しておきます。間をおくべき箇所はそこだけではありませんし、それが間をおく最適な箇所だと言うつもりもありません。あくまで一例として考えてください。どこに間をおくかに関して、厳密なルールはないからです。内容や気分や感覚で決めることです。今日はあるところで間をおき、明日は別のところで間をおく、ということもあり得ます。

まず、間をおかずに読み、そのあとで、私が示したとおりに間をおいて読んでみてください。どんな効果が感じられるでしょうか？

（間をおいて、〝戦い〟という言葉を浸透させる）

商品の販売は……戦いです。

戦う者だけが勝てます。

あなたは、そうした状況を好まないかもしれません。しかし、私たちがその状況

（間をおいて浸透させる）

を作ったわけではありませんし、それを変えることもできません。

（間をおく）

販売という勝負を始めたら、勇気を奮い起こしましょう。

（間をおく）

さもないと

（間をおき、1秒ほど沈黙）

打席に立つたびに空振りばかりで、何も得点できません。

（間をおく）

ピッチャーを恐れている人が、3塁打を打つことはないのです。

（間をおいて、大事なことを浸透させる）

それを覚えておいてください。

（間をおいてさらに浸透させる）

予想外の大成功を収める人、つまり、場外ホームランを打つのは……

（しばらく間をおき、何を言おうとしているかを考えさせる）

打つ気満々で打席に立つ人なのです。

次の文を、意味を考えながら力強く読み、どこに自然な間をおくかを考えましょう。

「アメリカ最大の砂漠があるのは、アイダホでもニューメキシコでもアリゾナでもない。それは普通の人の帽子の下にある。アメリカ最大の砂漠は、自然のなかではなく、頭のなかにあるのだ」J・ノックス

ここで述べた教えに従っても、多くの欠点が残るかもしれません。聞き手を前にして、会話するときのように話をしたとしても、声が聞きにくかったり、文法的な間違いがあったり、ぎこちなかったり、攻撃的だったり、不快なものになったりするかもしれません。ふだんの自然な話し方には、多くの改良点があるからです。ふだんの会話の仕方を完璧なものにして、その話し方を演壇まで持ち込むのです。

ふだんの話し方には多くの改良点がある。それを完璧にしていく

第8章

誰よりも注目される存在感を作る技術

人を引きつける人ほど、エネルギーが高い

カーネギー工科大学が、優秀なビジネスマン100人を対象に知能テストを行ない、同大学は「ビジネスにおける成功は、高い知能よりも個性による」という結果を発表しました。これはビジネスマンにとっても、教育者にとっても、話し手にとっても非常に重要なことです。個性はスピーチにおいて準備の次に重要な要素だからです。

個性とは、人間性、肉体、精神、知性などすべてのことです。特質、嗜好、傾向、気質、考え方、生命力、経験、訓練、人生です。アインシュタインの相対性理論のように複雑で理解が難しいものです。

個性は遺伝によるところも大きいといわれています。生まれる前からほぼ決まっているという説もあります。たしかに育った環境もある程度は関係があるでしょう。しかし、一般的に、個性を変えたり、改善したりするのはきわめて難しいことです。

それでも、新たな考え方を取り入れることで個性を伸ばし、より強く、魅力あるものにす

ることはできます。いずれにしても、自然が与えてくれたこの不可思議なものから、最大限のものを引き出す努力は可能です。それは誰にとっても大切なことです。改善の可能性は限られていても、それについて話し合ったり、調べたりすることはできるからです。

自分の能力を引き出すには、休息が必要

個性を最大限に活用したいなら、休息してから、聴衆の前に立つことです。**疲れた話し手には、聞き手を引きつける力も、魅力もありません。**

ぎりぎりまで準備と計画を先延ばしにし、失った時間を取り戻すために猛烈な速さでやるというような、よくある過ちをおかしてはなりません。そんなことをすれば、体に毒素がたまり、頭が疲れ、その結果、気持ちが落ち込み、活力を失い、頭や神経の働きが弱くなります。

もし午後4時の会議で重要な話をしなければならないなら、可能であれば昼食後はオフィスに戻らないほうがよいほどです。家に帰って軽い昼食をとり、昼寝をして気分をすっきりさせることができれば最高です。体のためにも、心のためにも、神経のためにも、休息は必要なのです。

往年の大女優ジェラルディン・ファーラーは、客のもてなしを夫に任せて、「お休みなさ

い」と言って早々に部屋へ引き上げたので、よく新しい友人を驚かせていました。彼女は芸のために必要なものを知っていました。

リリアン・ノルディカは、「プリマドンナでいるためには、社交も、友だちも、おいしい料理もあきらめなければならない」と言っています。最高の結果を目指す人は、休息の重要さを認識しています。

大切な話をしなければならないときは、食事にも注意しましょう。聖者のように、食事は控えめにすること。説教師ヘンリー・ウォード・ビーチャーは、日曜日は午後5時にクラッカーと牛乳をとるだけで、夜は何も口にしませんでした。

オペラ歌手ネリー・メルバは、「夜に歌う予定があるときは、5時に魚か鶏か子牛の膵臓《すいぞう》のいずれかに、焼きリンゴと水だけという軽い食事ですませることにしています。オペラや演奏会を終えて家に戻ってくると、いつも空腹です」と、言っています。

彼らは非常に賢明です。私はプロの講演家になってから、夕食をたっぷり食べた後に2時間演説をしたとき、初めて同じことに気づきました。シタビラメのリンゴ添えのあとに、ビーフステーキとフライドポテトとサラダとデザートを食べ、その1時間後にスピーチをしたときは、自分自身にも、スピーチにも、自分の体にも、申し訳ないほどの惨憺《さんたん》たる状態でした。脳内にいるべき血液が胃に降りてきて、ステーキとポテトと闘っていたのです。「演奏の前に食べたいものを食べてしまうと、自分の中の野獣が動き出して指先に入り込み、そこを詰まらせ動きを鈍くさせる」と言った音楽家パデレフスキーは、正しかったようです。

エネルギーが低いと注目されない

エネルギーを鈍らせるようなことはしてはいけません。**エネルギーは、磁力であり、活力であり、気力**です。私が講演者や研修講師を雇うときは、いつもこうしたものを真っ先に求めます。元気な話し手、つまりエネルギーを発する話し手のまわりには、豊穣な麦畑に群がる野鳥のように人が集まるのです。

私はそうした光景を、ロンドンのハイドパークにあるスピーカーズコーナーで見てきました。さまざまな信条や人種の話し手が集まる場所で、日曜日の午後には、カトリック教徒や、社会主義者や、イスラム教徒などによるスピーチのなかから好きなものを聴くことができます。

そこでは、ある話し手のまわりには何百人も集まっているのに、その隣の話し手にはほんのわずかしか人が集まっていないことがあります。なぜでしょうか？　話の内容が集まる人の数を決めているのでしょうか？　じつは、人を引きつける力の差は、話の内容よりも、話し手自身によることのほうが多いのです。話し手自身がテーマをおもしろいと感じていれば、話スピーチもおもしろくなります。話に生命と気迫が込められ、活力と元気を振りまくからです。そういう人は、いつも人を引きつけます。

人を引きつけるには、十分に休息をとり、エネルギーを高めよう

良い身だしなみは、相手から敬意を引き出す

心理学者でもある某大学の学長が、大勢の人を対象に、服装から受ける印象について調査したことがあります。回答した全員が、身だしなみを整えきちんとした服装をしていると自覚しているときは、うまく説明はできないものの、明らかな効果があることを実感していると答えました。自信が強まり、自分に対する信頼が大きくなり、自尊心も高まるようです。

調査した学長は、**成功者のような身なりをすれば、成功を考え成功を実現するのも容易になる**という結論に達しました。これは服装が及ぼす効果です。

では、話し手の服装は聞き手にどんな影響を与えるでしょうか？　話し手がだぶだぶのズボン、よれよれのコート、くたくたの靴という外見で、胸のポケットからは万年筆や鉛筆が、裾のポケットからは新聞やタバコがはみ出ているのを見たら、聞き手はその人に敬意を払うことはありません。それを私は何度となく目にしてきました。話し手の頭のなかも、乱れた髪や磨かれていない靴と同じようなものだと判断されてしまうからではないでしょうか？

大事な場面で装いを怠ると一生後悔する

南北戦争で敗れた南軍のリー将軍は、降伏文書にサインするとき、新品の軍服と腰には大変高価な剣といった非の打ちどころのないいでたちで臨みました。一方、勝利したはずの北軍のグラント将軍は、上着も剣も身につけず、シャツとズボンという格好でした。

グラント将軍は著書『回想録』に、「隙のない見事な装いをした長身の彼を前に、私はとんでもなく不釣り合いだった」と書き、歴史的瞬間にふさわしい服装をしなかったことを生涯後悔しました。

首都ワシントンにある農務省の実験農場では、数百箱のミツバチが飼われています。そこでは、それぞれの巣箱に大きな拡大鏡が取り付けられていて、ボタンを押せば内部が照らし出されるようになっており、昼夜を問わず、いつでも詳細にミツバチを観察することができます。

話し手も、そこのミツバチのようなものです。拡大鏡にさらされ、スポットライトを当てられ、聴衆に見られています。服装に少しでもおかしなところがあれば、大平原にそびえ立つ山のように目立ってしまうのです。

話すときは、常に相手から観察されている

注目が欲しければ、先に相手に注目する

ニューヨークのある銀行家の伝記を、雑誌に書いたことがあります。彼がなぜ成功したのかを彼の友人に聞いてみました。その人の話では、彼が成功した大きな理由は、人を魅了する笑顔だというのです。誇張のように思えるかもしれませんが、本当でしょう。彼よりも経験豊富で、財政的判断のすぐれた人ならほかにもたくさんいるでしょうが、彼にはほかの人にはない長所がありました。人から受け入れられやすい性格だったのです。温かい笑顔がとくに印象的でした。おかげで他人からすぐに信頼され、他人の善意を頼みにすることができました。誰もが、そのような人が成功するのを見たいと思うし、支援したくなるものです。

「笑顔を見せられない人は、店を開くべきではない」という諺《ことわざ》が中国にあります。店のカウンターの向こうの笑顔と同じくらい、聴衆の前での笑顔も歓迎されます。

ブルックリン商工会議所の主催による話し方講座に、ある男性がいました。彼は聞き手の前に立つとき、ここにいるのが嬉しい、いまやろうとしていることが楽しい、という様子を

見せるのです。笑顔を絶やさず、私たちに会うのを喜んでいるかのようでした。だから、聞き手も、当然ながらすぐに彼を歓迎し、温かく見守りました。

話し手の態度は、聞き手に伝染する

しかし、受講生のなかには、いやな仕事をするかのように冷たく投げやりな態度で聞き手の前に立ち、話し終えるとやれやれといった態度を見せる人もいます。すると、聞き手も同じように感じるのです。このような態度は伝染するからです。

オーヴァストリート教授は著書『人間の行動に影響を与える』で次のように述べています。「類は友を呼ぶ。**話し手が聞き手に関心を示せば、聞き手も話し手に関心を示す**だろう。話し手が嫌な顔をすれば、聞き手も、顔に出すか出さないかはともかく、話し手を嫌だと思う。聞き手がおどおどしたり動揺したりしていると、聞き手は話し手を信頼できなくなる。話し手が傲慢《ごうまん》な態度なら、聞き手は自分を守ろうとするだろう。話し手は話す前から評価され始める。だからこそ、温かい反応を引き起こせるようにしなければならないのである」

笑顔で楽しそうな態度は、聞き手から歓迎される

群集心理を利用して相手をコントロールする

講演をしていると、昼は会場にぽつりぽつりと座っている少数の聞き手の前で話し、夜は同じ場所にぎゅうぎゅう詰めになった大勢の聞き手の前で話すことがよくあります。すると、たいていの場合、夜の聞き手は、昼の聞き手がくすりと笑っただけのことを心の底から笑い、昼の聞き手がまったく反応しなかったところで拍手喝采してくれるのです。なぜでしょうか?

じつは、ばらばらに座っている聞き手を感動させるのは難しいのです。聞き手のあいだに空席があるのを見ると、話し手はなによりもがっかりします。

説教師ヘンリー・ウォード・ビーチャーは、イェール大学で説教について講演したときにこう述べました。

「聴衆が少ないときよりも多いときのほうが気持ちが高ぶりませんか、とよく質問されます。私は、そんなことはない、と答えます。私は１０００人に対しても、12人に対しても同じように話すことができます。ただし、その12人が私の周りにくっつき合うようにして座っていたら、です。たとえ、1000人でも、それぞれのあいだが1メートルも離れているようなら、誰もいないのと同じです……聞き手を一カ所に集めれば、半分の努力で聞き手の気持ちを動かすことができるのです」

人は大勢のなかにいると個性を失いやすくなります。群衆に混ざれば、一人のときよりも容易に心が動かされます。数人しかいないときには心を動かされなかったかもしれないことにも、笑ったり、拍手をしたりするようになります。

個人を動かすよりも、集団を動かすほうがはるかに簡単です。たとえば、戦いに向かう兵士は、身を寄せ合いながら、最も危険で向こう見ずなことをします。また、大規模な運動や改革は、すべて群集心理の助けによって実行されています。

少数の聞き手に話す場合は、小さな部屋を選ぶべきです。小さな部屋で通路まで埋まるほうが、大会場にぽつりぽつりと人が座っているよりも群集心理の効果があります。

聞き手がまばらなら、前のほうに詰めて座ってもらいましょう。話を始める前に必ずそうすることをおすすめします。

可能なら演壇の上で話さず、聞き手のところまで下りるのも良いことです。聞き手の近くに立ち、堅苦しさを取り除き、聞き手との距離を縮めて、会話をするように語りましょう。

狭い空間では、人間は周囲に影響されやすくなる

第9章

聞き手を味方に変える技術

聞く耳を持たない相手に、耳を傾けさせる方法

コロラド石油・鉄鋼会社は労働問題に悩まされていました。発砲事件や流血の惨事も発生していました。憎悪の連鎖で職場の空気はピリピリし、経営者一族であるロックフェラー家は、従業員たちから忌み嫌われました。

しかし、当時の経営者ジョン・ロックフェラー2世は、従業員たちに自分の考えを話してみようと考えました。みずからの考えを説明して納得してもらい、信念を受け入れてもらおうとしたのです。同時に、従業員たちの不信感や反感を解消しなければならないことも理解していました。そして、彼はまさにそれをやってのけたのです。彼のスピーチの導入部には、学ぶべきものがあります。

今日は私の人生にとって記念すべき日です。今回初めて、この偉大な会社の従業員の代表の皆さんとお会いできたことを、誇りに思っています。

この会合のことは、生涯、忘れないでしょう。この会合がもし2週間前に行なわれていたら、皆さんのほとんどは私のことを知らなかったかもしれません。私は先週、南の油田の村をすべて訪れ、留守だった方をのぞいて、代表者の皆さんの家を訪ね、奥さんやお子さんたちに会いました。ですから、他人ではなく友人として、皆さんと顔を合わせることができます。そうした友情にもとづいて、共通の関心事を話し合う機会をもつことができたのを嬉しく思います。

私がここにいられるのは皆さんのご好意によるものです。この会合は当社の役員と従業員の代表との集まりであり、私は残念ながらどちらにも属していません。しかし、株主の代表として、皆さんとは親密なつながりがあると感じています。

何とうまい導入でしょう！　このスピーチは、敵対心を抱く相手を前にして、見事な成功を収めました。賃上げを求めて闘っていた人々が、憎むべき敵の首領であるはずのロックフェラーの話を聞いたとたん、もう何も言わなくなってしまったのです。

「1滴のハチミツは、1ガロンの胆汁よりも多くハエを捕る」という諺があります。これは人間にも当てはまります。**自分に賛成して欲しいなら、自分が誠実な友人であることを相手にわかってもらうべき**なのです。その1滴のハチミツが相手の心をつかみ、理性に伝わります。ひとたび上手くいけば、あなたが正しいことを容易に納得してもらえます。もちろん、あなたが本当に正しいのならですが。

敵意には友情を示す

リンカーンも同じことをしました。上院議員に立候補したとき、南イリノイ州のある地域で演説することになりました。その地域は、人々の気が荒いうえ普段から大きなナイフとピストルを腰から下げており、喧嘩とコーン・ウイスキーが大好きで、奴隷廃止論者が大嫌いという土地柄です。「リンカーンのようないまいましい奴隷廃止論者が来たら、すぐに町から追い出す」だの、「弾丸で蜂の巣にしてやる」だのと息巻いている者もいました。

しかし、リンカーンは「もし、最初にほんの一言話すことができればなんとかなる」と言ったそうです。彼は演説の前に騒ぎの首謀者たちに自己紹介し、心を込めて握手しました。その演説の導入部は、私の知る限り、敵に対するもっとも巧みな語りかけです。

皆さんのなかに、私を困らせようとしている人がいると聞いています。どうしてでしょうか。私は皆さんと同じ、ごく平凡な普通の人間です。

私は皆さんと同じようにケンタッキーで生まれ、イリノイで育ち、一生懸命働いてきました。ケンタッキーの人のことも、南イリノイの人のことも知っています。ミズーリの人のことも知っていると思います。私もその一人ですから。だから私のことも、もっとよく知っていただきたいのです。知っていただければ、私が皆さんを困らせるようなことをしようなどと思っていないことがわかるでしょう。
友だちになって、お互いに友だちとして接しましょう。私はとても謙虚で温和な人間です。悪いことをしたり、皆さんの権利を奪ったりするつもりはありません。どうか私の話を聞いてください。皆さんならそうしてくれると信じています。腹を割って、一緒に考えていきましょう。

こう話しているときのリンカーンの顔は善人そのもので、声は心からの思いやりに満ちていたといいます。この巧みな導入部によって、来るべき嵐は静まり、敵は沈黙しました。そして実際に、多くの人が友人になりました。リンカーンのスピーチは喝采を浴び、この気の荒い粗野な人々は、その後の大統領選では、彼の強力な支持者になりました。

話の冒頭から、相手に誠実な友情を伝える

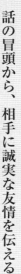

異なる意見を持つ相手からイエスを引き出す方法

「確かにおもしろい話だが、自分には関係ないな。自分はロックフェラーじゃないから、ストライキ中の労働者に危険にさらされながら話しかけることはないし、リンカーンでもないから、憎しみにどっぷり浸かった荒くれ者たちに話しかけることもないだろう」

あなたはそう思うかもしれません。

確かにそうでしょう。それでも、あなたは自分と考え方が食い違う人たちと、ほとんど毎日のように意見を交わしているのではないでしょうか？　家庭や職場で、自分の考えを認めてもらおうとしているのではありませんか？　その方法に改善の余地があるでしょうか？　どのように話をはじめているでしょうか？　リンカーンのように巧みに？　それともロックフェラーのように？　もしそうならば、あなたは稀に見るほど巧妙で思慮深い人です。

しかし、たいていの人は、他の人の立場や要望に思いを巡らすことも、妥協点を見出そうとすることもなく、自分の考えを言い放ってしまいがちです。

たとえば、相手に何かを禁止するよう求める場合が、いい例です。話し手はたいてい、いきなり前のめりでケンカを売るような言葉で始めます。はっきりと自分の立場を表明して、どんなことがあっても決心を曲げるつもりがないことを主張したりします。一方で、相手には、信念を放棄し、自分の意見を受け入れるよう望んでいます。

一度「ノー」と言った人は、意見を変えない

すると、どうなるでしょうか？——当然、誰も説得することができません。配慮を欠いた攻撃的な姿勢のせいで、異なる意見を持つ人たちの気持ちを頑《かたく》なにしてしまうのです。そのため、何を言っても言葉通りにとってもらえず、何を言っても反感を買い、何を言っても軽蔑されてしまいます。相手はみずからの信念を守ろうと防御をより固くするからです。冒頭から攻撃してしまえば、相手は身を後ろに引き、歯を食いしばって「ノー」と言います。

相手に「ノー」と言われてしまったら、これは深刻な事態です。社会調査を研究するオーヴァストリート教授が述べた意見を紹介しましょう。

——「ノー」という反応は、乗り越えるのがもっとも難しい障害です。**一度「ノー」と言った人は、プライドのせいでそれを取り下げることができなくなります。**あとで、間

違いだと思っても、プライドのほうが大事なのです。

一度口にしたことは、簡単には撤回できません。だから、肯定的に話を進めることがとても大事なのです。上手な話し手は、冒頭で「イエス」という反応をたくさん得ます。そうすることで、聞き手の気持ちを肯定的な方向へ向かわせるのです。ビリヤードの球の動きに似ています。一定の方向へ動くものを曲げるのには、力が必要です。逆の方向に戻すには、それ以上に強い力が必要でしょう。

こうした場合の心理的動きは明白です。ある人が本気で「ノー」と言った場合は、言葉だけではなく、神経や筋肉など身体全体が拒絶の反応を示します。ときには、逃れようとしているのが、傍からわかるほどのこともあります。神経や筋肉全体が受け入れまい、としているのです。

冒頭から「イエス」の反応を引き出すことを目指す

一方、「イエス」というときは、そういうことは起こりません。前向きで、開放的で、相手を素直に受け入れます。ですから、**冒頭で「イエス」という答えを引き出せれば引き出せるほど、最終的な提案に注意を向けてもらえるようになる**のです。

「イエス」という反応を得る――これはとても単純なテクニックです。しかし、使っている人はほとんどいません。冒頭で反感を買いながら、自分の重要性を認めさせようとしているかのような人ばかりです。たとえば、革新派が保守派と会議をすると、すぐに保守派を怒らせます。そんなことをして何になるのでしょうか。楽しいからやっているというのであれば、それでもいいでしょう。しかし、何かを達成したいのなら、人間の心理がわかっていないと言わざるをえません。

相手が生徒でも、顧客でも、子供でも、夫でも、妻でも、最初に「ノー」と言わせてしまったら、その否定を肯定に変えるには、知恵と忍耐が必要になります。

話の冒頭で「イエス」と言ってもらうにはどうしたらいいのでしょうか？　その答えは単純です。リンカーンはこう言っています。「議論を始めるときには、まず共通点を探すことにしている」。激しい論争になりかねない奴隷制度について話すときも、彼はそうしていました。ある中立的な新聞は論説でこう述べています。「最初の30分は、敵でさえリンカーンの言葉にすべて頷いた。彼はそれを突破口に少しずつ聞き手を導いていき、最後には全員を取り込んでしまうのである」。

議論を始めるときは、相手との共通点を探す

反対意見を持つ相手を味方にする方法

第一次世界大戦の直後、米国上院議員ロッジ氏とハーバード大学ローレル学長が、ボストンで国際連盟についての公開討論を行なうことになりました。国際連盟は現在の国際連合の前身で、アメリカのウィルソン大統領が提唱したものです。ロッジ上院議員はそれに反対する中心人物です（最終的にアメリカ政府は国際連盟への加盟を断念しました）。

彼はボストンの聴衆の大半が自分の意見に反対しているのを感じていました。しかし、みんなを説得しなければなりません。どうすればいいのでしょうか？　聴衆の考えを正面から非難する？　いや、それはだめだ――。彼は、抜け目のない心理学者でもあったため、自分の願いをそんな未熟なやり方で台なしにはしませんでした。

ロッジ議員はまず、「親愛なるアメリカ国民の皆さん」と呼びかけて、聴衆の愛国心に訴えかけました。聴衆との意見の相違を小さく感じさせ、同じように大切にしているものを強調したのです。

そして、敵である討論相手を称《たた》え、手法に関しては互いの意見に多少違いがあるもののアメリカの繁栄と世界の平和という重要な点に関しては一致している、という事実を指摘します。

最後には、自分は国際連盟のような組織自体には賛成だと述べ、討論相手と異なるのは、国際連盟よりも理想的で有効な組織が必要だと感じているだけなのだ、と締めくくっています。**まるで、彼が聴衆と同じ意見を持っており相違があっても細部にすぎないかのよう**です。

敵に敬意と共感を示す

彼の話の冒頭を紹介しましょう。最大の敵である討論者でさえ、これには共感せざるを得ませんでした。

親愛なるアメリカ国民の皆さん。皆さんの前でこうしてお話しできる機会をいただき、ローレル学長に感謝いたします。

彼と私は長い友人であり、ふたりとも共和党員です。彼は、アメリカで最も重要で影響力のある大学の学長であり、政治研究家としても知られています。彼と私は、この大切な問題について異なる意見を持っていますが、その目的が、世界平和やアメリカの繁栄である点は同じです。

私自身の立場について、どうか一言だけ言わせてください。私は自分の考えを簡単な言葉で説明したいと思っていました。しかし、私が言ったことがわからず、おそらく誤解を抱いている人もいらっしゃいます。

私は国際連盟に反対していると言われているようですが、そんなことは決してありません。私は国々が、自由な国々が一体となって、私たちが連盟と呼ぶもの、あるいはフランス人が社会と呼ぶようなものになり、将来の世界平和や軍縮のために貢献することを心から望んでいます。

正面から相手の間違いを指摘しない

いくら相手が自分とは違う立場だと思っていたとしても、いきなり反対意見ではなく、このようにお互いの共通点から話を切り出されると、気持ちが和らいでしまいます。もっと聞いてみたい、とさえ思うでしょう。話し手の意見は、反対意見ではなく、公平な意見なのだと感じさせます。

ロッジ上院議員が、国際連盟を信じている人々に対して、それはとんでもない間違いであり幻想にすぎない、と冒頭で言ったらどうなっていたでしょうか？　無益な結果に終わるだけだったでしょう。歴史家ジェームズ・ロビンソン氏は、相手に正面きって間違いを指摘することの無益さをこう説明しています。

私たちは、ときに抵抗もなく、軽い気持ちで意見を変える。しかし、**自分が間違っていると言われたら、非難されたと怒り、頑なになる。**

驚くほど無頓着に信念を形成するのに、それが奪われそうになると、とんでもなく執着する。脅《おびや》かされるのは考えではなく、プライドなのである。「私の」という小さな言葉がもっとも重要だ。夕食であろうと、犬であろうと、家であろうと、信念であろうと、国であろうと、神であろうと、「私の」ものであることが大事なのだ。時計が合っていないとか、車がみすぼらしいとか言われて怒るだけでなく、火星の運河や、エピクテトスの発音や、サリシンの医学的価値や、サルゴン1世の時代に関する知識を、訂正しなければならないときもあるだろう。

これまで真実だと思っていたことを真実だと思い続けたいし、これまでの考えに疑問が投げかけられると、その考えにしがみつくためのあらゆるいいわけを探そうとする。その結果、いわゆる推論と呼ばれるものは、すでに信じているものを信じつづける理由を見つける作業になるのだ。

自らのプライドを守るため、人は自説に執着する

相手に意見を変えさせる話し方

言い合いになれば、相手は心を固くして身構え、意見を変えにくくなります。いきなり「私は――を証明してみせます」と話し始めるのは、はたして賢明なことでしょうか？　そう言われた相手は、「ではやってもらおうか」と挑戦的になってしまいます。

まずは自分と相手のどちらもが信じていることを強調し、そのあとで、誰もが答えを求めている疑問に触れるほうが賢明です。聞き手と一緒にその答えを考えるのです。その過程で、話し手であるあなたが事実を提示し、相手があなたの結論を無意識のうちに自分自身の結論として受け入れるよう導きます。

聞き手は、自分自身が見つけたと思う真実を、より強く信じる傾向があります。

どんなに意見が大きく離れていても、共通の基盤は必ず見つかります。それをもとに、聞き手とともに事実を追究していくというストーリーにしていくのです。

たとえば、全国組織の労働組合の委員長がアメリカ銀行協会の大会で演説をするときでさえ、話し手と聞き手の間には、共通の信念や願望があるはずです。その実例を見てみましょう。

貧困はいつの時代においても人間社会の悲惨な問題の一つです。私たちは、アメリカ人として、いつでもできるかぎり、貧しい人々の苦しみを軽くする義務があると常に感じています。

アメリカは寛大な国です。不幸な人々のために、これほど気前よくこれほど無欲に富を分け与えた国民は、歴史上いません。ここで過去に私たちが示したのと同じ寛大さと博愛精神で、私たちの産業に関する事実を一緒に考えてみましょう。そして、貧困という悪を弱らせるだけでなく防ぐために、私たちにとって公正で、受け入れ可能な手段がないか探してみましょう。

こう言われて、反論できる人がいるでしょうか? まずいません。第6章で迫力とエネルギー、それに情熱を称えたことと、矛盾すると思われますか? どんなことにも最適なタイミングがあります。迫力が必要なのは冒頭ではありません。如才のなさも冒頭では必要ありません。

一緒に解決すべき疑問を投げかける

アメリカの政治家パトリック・ヘンリーは1775年、イギリスからの独立を主張する名演説を行ないました。

「自由を与えよ。さもなくば死を」という、この演説を締めくくった言葉は、アメリカの学生なら誰でも知っているほど有名です。

しかし、この歴史に残る、情熱的で感情的なスピーチの冒頭が、比較的穏やかで巧みに始まっていることに気づいている人は多くありません。当時、アメリカの植民地は英国と独立をかけて戦争すべきかどうかが盛んに議論されていました。パトリック・ヘンリーは、独立への情熱を熱く燃やしていましたが、演説の冒頭ではまず、反対派の能力を褒め、愛国心を称えました。それから、聞き手に質問を投げかけることで、ともに考え、聞き手が自ら結論を出せるよう導き始めます。それを見てください。

私は誰よりも愛国心を重んじています。また、議会を代表して演説をした人々の能力を誰よりも高く評価しています。

しかし、ものの見方は人によって違います。ですから、私が異なる意見を持ち、その気持ちを自由に率直に述べることを、失礼と思われないことを望みます。

これは儀式ではありません。議会に突きつけられたこの問いは、この国にとって大変重要なものです。私自身は、自由や奴隷制度という問題と同じくらい大事だと考えています。そのテーマの大きさに比例して、議論する自由があるべきです。そうすることによってのみ、私たちは真実に到達し、神と国に対して大きな責任を果たすことを望めるのです。そのようなときに意見を言わずにいるのは、私にとって何よりも大切な国を裏切り、神に背を向ける罪の行為だと考えます。

人が希望という幻想にふけるのは自然なことです。痛ましい事実には目をつぶりたいし、我が身を獣に変えられるまでセイレーンの歌を聞いていたいのです。

しかし、それは、自由を求める闘いに関わる賢明な人のすることでしょうか。私たちは、目でものを見ず耳で音を聞かずに、一時的な救済のみを求める多くの人々と同じなのでしょうか。私は、どんなにつらくても、すべての真実を知りたいと思っています。最悪の事態を知り、それに備えたいのです。

反対意見であっても、いきなり相手を否定しない

第10章

「話す力」を発揮するために不可欠な3つのこと

必ず成功するという確信を持つ

数年前の夏、ヴィルダーカイザーと呼ばれるオーストリア・アルプスの山に登りました。旅行案内書『ベデカー』によると、登頂が難しいため素人にはガイドが必要だそうです。私も友人も紛れもない素人ですが、ガイドは付けませんでした。ある人から「登頂できると思いますか？」と訊かれると、私たちは「もちろん」と答えました。「なぜそう思うのですか？」。その人は言いました。

私は答えました。「ガイドがいなくても登頂した人がいるからです。だから、無理なことはないと思っています。失敗するかもしれないと思いながら挑戦することはしませんよ」。

登山の世界では私の声など小さくて、なんの力もないでしょう。ただし、スピーチの原稿を書くにしても、エベレストに挑むにしても、こうした考え方は必要です。

本書で学び、成功することを考えてください。聴衆の前で落ち着いて話をしている自分の姿を、想像してみましょう。

これはあなたにも容易にできることなのです。**成功を信じましょう。信じれば、そのために必要なことをするようになります。**

南北戦争時の海戦で、手痛い敗北を喫したデュポン提督は、率いる艦隊を命令どおりにチャールストン港に入港させなかった理由をいくつも述べました。それを熱心に聞いていたファラガット提督はこう言いました。「だが、君がまだ述べていないもう一つ別の理由がある」。「もう一つの理由とは？」。デュポンは尋ねます。

「君自身が、勝利を信じていなかったからだ」

自信、そして必ずできるという確信――それが本書から学べる最も大切なことです。成功のために、それ以上重要なことがあるでしょうか？

私たちは、心が定めたような人間になる

ここで作家エルバート・ハバードの助言を紹介します。この言葉に含まれている知恵を人生に取り入れるだけで、より幸せに、より豊かになれるでしょう。

――

外に出るときは、常にあごを引き、背筋を伸ばし、深く呼吸をする。
太陽の光を浴び、友人に笑顔で挨拶し、心を込めて握手をする。

誤解されることを恐れず、1分たりとも敵のことは考えない。

自分がやりたいことに心を定め、方向を変えず目標に向かってまっすぐに進む。

自分が成し遂げたいと思うすばらしいことをいつも忘れずにいれば、やがて気づかぬうちに、その望みを達成するためのチャンスを手にしていることに気づくだろう。

サンゴ虫が必要な養分を海から摂取するように。

望み通りに、有能で熱意と価値のある人間になった自分の姿を、心に描こう。それが自分をそうした人間に変えていくことになる。

考えることは何よりも大事だ。

正しい心構えを持とう。それは、勇気と率直さと明るさである。正しく考えれば、何かが生まれる。すべてが願望から得られ、心からの祈りはすべて叶えられる。私たちは、心が定めたような人間になるのだ。

あごをぐっと引いて背筋を伸ばそう。

私たちは、さなぎの中の神なのだ。


ナポレオン、ウェリントン、リー、グラント、フォッシュなど偉大な軍人たちは全員、成功するために何よりも大切なことは、勝つという意志と、勝てるという自信だということを理解していました。

フォッシュ元師は次のように述べています。

「敗れた兵士は、同数の敵兵を前に退却する。戦いにうんざりし、もはや勝つことが信じられず、士気が低下したからだ。抵抗する気力を失ったのである」

退却する兵士は肉体的ではなく、精神的に打ち負かされ、勇気と自信を失ったから退却するというのです。このような状態では軍隊だろうと、人間だろうと、望みはありません。

成功を信じ、そのために必要なことをする

心から望み、あきらめない

ハーバード大学の有名な心理学者ウィリアム・ジェームズ教授の言葉を、ぜひ覚えておいてください。

学ぶ者に勉強の成果を心配させてはならない。信念を持ちつづけ、毎日、一時間一時間を懸命に努力すれば、結果はおのずとついてくる。ある朝、目を覚ましたら、同世代のなかでも秀でた存在となっているのは間違いない。どんな道を選んだとしても。

ジェームズ教授の言葉を頼りに、私は本書の読者のためにつけ加えます。

「本書に忠実に、熱意をもって取り組み、正しい方法で練習を続ければ、ある朝、目覚めたときに、街で、あるいは地区で有数の話し上手の一人になっているのに気づくでしょう！」

そんなことは信じられないと思うかもしれませんが、これはごく一般的な原則なのです。

具体例をあげて説明しましょう。ニュージャージー州の知事だったストーク氏が、われわれの話し方講座の修了式に出席したときのことです。彼は当日聞いたスピーチの数々について、ワシントンの連邦議会で聞く演説に負けないくらいすばらしいと称賛しました。

それらのスピーチをしたのは、ほんの数カ月前まで、人前に立つ恐怖でまともに話せなかったビジネスマンたちです。彼らはどこにでもいるごく普通のビジネスマンにすぎません。しかし、ある朝、目を覚ますと、彼らは街でも有数の話し上手になっていたのです。

何かを心から望めば、ほぼそのとおりになる

人を動かすほどの話す力を獲得できるかどうかは、生まれつきの才能もあるかもしれませんが、それ以上に、実現したいという願望の深さと強さで決まります。

ジェームズ教授は言います。

ほとんどすべての分野において、情熱があなたの力になる。何かを心から望めば、ほぼそのとおりになる。金持ちになりたいと願えば、金持ちになれる。教養を身につけたければ、教養を身につけられる。善人になりたいと願えば、善人になれる。それだけを心から望み、同時にほかの多くのことを願わないようにしなければならない。

さらにジェームズ教授は次のようにつけ加えてもよかったかもしれません。

「話せるようになりたいと思えば話せるようになる。しかし、**本気で願わなければならない**」

話すための自信と能力を身につけたいと考える人たちを、私は文字通りまさに何千人も注意深く見てきましたが、成功した人の中で、はじめから卓越した能力をもっていた人はごくわずかでした。

成功者のほとんどは、どの街にも見られる普通のビジネスマンです。ただ、彼らは努力を続けただけです。賢い人たちはやる気をなくしたり、カネ儲けにしか興味がなかったりして、あまり上達しませんでした。しかし彼らのように普通の人でも、一つの目的に集中してあきらめずに取り組めば、最後には頂点を極められるまで成長します。

状況が厳しくても、すばらしい状況と考える

それが人間というものの自然な姿です。こうしたことは、どんな職業でもよく見られるものではありませんか？　ロックフェラーは、ビジネスで成功するために一番大切なのは忍耐力だと言いました。それは本書を学ぶ人にとっても大切なことです。

史上最大の部隊を勝利に導いたフォッシュ元帥は、自分のただ一つの取り柄はけっして絶望しないことだ、と言っています。

1914年、フランス軍がマルヌ川まで後退したとき、総司令官ジョフルは200万の兵士を指揮する部下の将軍たちに、退却を止め、攻撃を開始するよう指示しています。この戦いは2日間にわたって続き、史上最大の決戦の一つとなりました。軍の中央を指揮していたフォッシュ元帥（当時司令官）の電文は、軍事史上もっとも印象に残るものでした。

「我が軍は右軍が押し込まれ、中央軍は崩れかけている。撤退は不可能。すばらしい状況。攻撃を開始する」

敗北や撤退を「すばらしい状況」と言い切って転じたこの攻撃が、パリを救いました。そうです。戦況が厳しく絶望的に思えるときこそ、つまり右軍が押し込まれ、中央軍は崩れかけ、撤退は不可能のときだからこそ、すばらしい状況なのです。

どんなに状況が悪く感じられようと、私たちも願望を達成するための攻撃を開始しましょう。勇気と信念が成功へと導いてくれます。

けっして絶望しないことが、成功の鍵

ある日突然、飛躍的に上達することを信じる

フランス語でも、ゴルフでも、話し方でも、新しいものを学び始めるときは、計画通りには上達しません。段階的にうまくなるわけではないのです。急にうまくなったかと思うと、突然、進歩が止まったりします。そして、そのまま停滞したり、場合によっては後退したり、習得したはずのものさえ失うことがあります。このような停滞期あるいは後退期のことを、心理学では「プラトー（高原現象）」と呼んでいます。

話し方を学ぶ人も、ときに何週間にもわたって、プラトーに留まることがあります。どんなに頑張っても、抜け出すことができません。弱い人は絶望してあきらめてしまうでしょう。しかし辛抱強く続けた人は突然、一夜にして、理由はわからないまま自分が飛躍的に上達していることに気づきます。飛行機が離陸するように、突然、コツがわかるのです。あるとき突然、自然に力を込めて自信をもって話せるようになります。

すでに述べたように、聴衆に向かった直後の何分かは、恐怖、ショック、不安に襲われる

はずです。英国の有名な政治家ジョン・ブライトも、引退するまでずっとそうでした。4度の英国首相を務めたグラッドストーンも、博愛主義者のウィルバーフォースも、ほかの著名な講演家たちもそうでした。数えきれないほど人前で演奏したことがある偉大な音楽家たちの多くもそうです。ポーランドの首相にしてピアニストのパデレフスキーは、ピアノの前に座るといつもそわそわしてカフスをいじっていました。

あなたも彼らのような経験をするでしょう。しかし、あきらめずに続ければ、聴衆に向かったときの最初の恐怖心以外、不安はすべてなくなります。そして、たとえ最初の恐怖心はあったとしても、話し始めれば自分自身をコントロールできるようになり、積極的に楽しみながら話し続けることができるようになります。

決意があれば半分実現したようなもの

あるとき、リンカーンは法律の勉強を志す青年から手紙で助言を求められました。そこで次のような返事を出しました。

「弁護士になるという固い決意があるなら、それはもう半分以上実現したようなものだ……**成功するという決意が何よりも大事**なことをいつも忘れないように」

リンカーン自身がそういう経験をしています。一生を通じて、彼が学校と呼べる場所へ通った期間は1年もありません。しかし、少年時代は、自宅の小屋から80キロ以内で借りられる本は、すべて歩いて借りに行っていました。薪をくべる明かりで本を読むこともありました。日が昇り、本が読める明るさになるとすぐに、木の葉を敷いただけの粗末な寝床で目を覚まし、目をこすりながら本を読みはじめていました。

遠くまで歩いて演説を聴きに行くこともありました。帰ってくると、農場、森の中、食料雑貨店に集まった人々の前などで、演説の練習をしました。小さな町の文芸クラブや討論クラブに入り、読者の皆さんと同じように、人前で話す練習をしていました。

劣等感には常に悩まされていました。女性の前では、恥ずかしくて口も開けませんでした。妻となるメアリー・トッドと交際していたときも、客間の椅子に座って、恥ずかしさに何も言えず、彼女の話を聞いているだけです。そんな彼も、練習によって雄弁で知られるダグラス上院議員と討論できるようになり、やがて、2回めの大統領就任式やゲティスバーグで、歴史に残るすばらしい演説を行なうまでになったのです。

リンカーンが負った苦難や痛ましい努力を思えば、「弁護士になるという固い決意があるなら、それはもう半分以上実現したようなものだ」というのも当然でしょう。

リンカーンに助言を求める

ホワイトハウスの大統領執務室には、リンカーンの立派な肖像画が飾られています。ルーズベルトは、リンカーンの肖像をよく眺めていました。

「決断をくださなければならないときや、無視できない問題があるときは、リンカーンの肖像画を見上げ、彼ならこんなときにどうするだろうか、と考える。奇妙に思うかもしれないが、問題が解決しやすくなるような気がした」

私たちも、ルーズベルトの方法を試してみる価値はあります。気持ちを打ち砕かれたり、途中で闘いを投げ出しそうになったら、リンカーンならこんなときにどうするだろうか、と自問してみます。あなたはその答えを知っているはずです。彼ならどうするか。また、彼はどうしたかを。

100回失敗してもあきらめる必要はない

上院議員選挙で宿敵に敗れたとき、リンカーンは支持者に向かってこう言いました。

「1回の敗北でも、100回の敗北でもあきらめてはならない」

私たちも、成功するまであきらめる必要はありません。

「話す力」を獲得するための20のポイント

❶ 能力の獲得を、強く望み続ける

「話す力」の獲得によって得られるものを数え上げてみましょう。経済的に、社会的に、また影響力やリーダーシップの強化といった面で、どんな意味があるでしょうか？　願望が強いほど、進歩は速くなります。

❷ 何を話したいのか決めてから話す

自分が言おうとしていることをわかっていなければ、自信は持てません。

❸ 自信があるように振る舞う

行動をコントロールすれば、感情もコントロールできます。自信があるかのような行動が、本当に自信を呼び込みます。

❹実際に練習する

これが何よりも重要です。成功体験を積み重ねましょう。

❺本物のメッセージを持つ

わかりやすくはっきりと話せる事柄、人の心を動かす事柄、言わずにはいられない事柄を持ちましょう。これは、話す力の秘訣の半分に相当するポイントです。

❻話す前に、十分に準備をする

十分な準備ができた時点で、すでに9割方は成功です。準備とは、あなた自身の考え方、アイデア、信念、衝動を、まとめることです。

❼アイデアをメモする

頭に浮かぶ考えをつねにメモしておきましょう。誰の助けも借りず、自分の頭で考えたことは、宝石以上の価値があります。

❽100の材料を集めて90を捨てる

実際に使うよりはるかに多くの材料を集めましょう。これは、あらゆる準備の基本です。

❾ メモした材料やアイデアを並べ換える

メモを関連性のあるもの同士で山に分けていきます。これが、主な論点になります。それをさらに分類し、不要なものは取り除き、最上のものだけを残します。これをスピーチが完成するまで繰り返します。

❿ 話の構成を考える

どの順番で何を話すのかを決めます。メモで論点を作っていく作業と、同時進行になることもあるでしょう。

⓫ 原稿は口述筆記で作る

聴衆を目の前にしているように臨場感たっぷりに話し、それを録音して文章に書き起こしましょう。それを推敲していくことで、話が磨き上げられます。論点が整理され、話の順序も覚えられ、話す練習にもなり、時間の節約にもなります。

⓬ 熱意を持って話す

かつては話し方のルールが重要視されていました。しかし、「話す力」には精神が重要な役割を果たします。熱意はあらゆる欠点をカバーし、説得力を作ります。

⑬ 自分の話の価値を信じる

自分の話は相手の役に立つと、あなた自身が信じましょう。あなたの話すことには、崇高な目的があり、広い意味では社会貢献につながると信じ込むと、自然と説得力が生まれます。

⑭ 弱い言葉を使わない

「……と思う」とか「おそらく……」とか「私の意見では……」といった、気の弱い言葉を使わないようにしましょう。それらの言葉が、自信や確信を生みだすはずがありません。

⑮ 相手を愛する

聞き手を愛する人は成功します。共感を示し、正直で、親切でいましょう。「話す力」の本質は、精神的なものです。

⑯ 相手に伝えたいという意識を持つ

独り言では、会話もスピーチも成立しません。

⑰ 休息する

エネルギーを発する人は注目されます。十分な休息でエネルギーを高めましょう。

⑱ 笑顔

聞き手の前では、ここにいるのが嬉しい、という態度を見せましょう。

⑲ 意見が異なる相手には、敬意と共感を示す

最初から相手を否定しないようにしましょう。相手を称え、共通の基盤を探します。敵が味方に変わることもあります。

⑳ 一緒に解決すべきテーマを投げかける

相手があなたの結論を、無意識のうちに自分自身の結論として受け入れるよう、導きましょう。人は、自分でたどりついたと思う考えを強く信じます。

訳者あとがき　究極の「話す力」は、自分の内側に潜んでいる

最後までお読みいただきありがとうございました。もし、1ページ目からここまで一気に読まれた方がいるとしたら、今、心地よい疲労感に包まれていると思います。なにしろ最初から最後まで、人前で話すことの核心にある考え方と技術が、ノンストップであなたの脳に注ぎ込まれたのです。

カーネギーは、本書の目的地を正確に示し、読者を最短最速で導きます。その無駄のなさとスピード感は、まるで時刻に正確な特急列車のようです。必要な駅では正しく停車し、不要な駅はどんどん通過し、一直線のレールの上を、私たちを乗せ、ゴールまで高速で突っ走ります。本書は短く見えて、実はたいへんな長旅だったのです。

本書の目的は、「相手に自分の考えを伝えて、味方になってもらう」ことです。

考えを伝えたうえで、相手から「支持」「同意」「賛成」「納得」「理解」「共感」「友情」などの、プラスの感情を得ることを目指しています。

その目的を達成するために書かれた本書は、スピーチやプレゼンテーションといった「人前で話す」ことに限らず、手紙、レポートなど、あらゆることに役立ちます。「話す」こと自体は本書の目的地ではありません。単なる通過点です。

なぜ本書は、何度読み返しても新しい発見があるのか

翻訳するときは、何度も原書を読み返します。ただ読むだけでなく、深く文章の意味を追求していきます。これは精読といっていいでしょう。本書が刊行されるまでに私は、こうした精読を10回以上重ねてきています。

「それだけ読めば、もう隅から隅まで知り尽くしているのでは？」

その問いに対して、私はこう答えます。

「読み返すたびに新しい発見があり、まったく飽きません」

ある本にどれだけの底力があるかは、繰り返しの読書に堪えられるか？　という尺度でも測ることができます。

謎解きがテーマのミステリーでさえ、上質な作品であれば、オチを知った後も複数回の読書に堪えます。読むたびに、張り巡らされた仕掛けと意味を発見し、ますます好きになっていくでしょう。

同じことが、本書でも起こります。再読するほど、話すことの意味が自分のなかで深まっていきます。本書が説くのは、単純な技術論の積み上げではなく、ある事実だからです。読めば読むほど突きつけられていくその事実に、私たちは向き合わざるを得なくなります。

それは、話す力の探求とは自分自身の探求に他ならない、という刃のような事実です。

本書は、「自分探し」をめぐる上質なミステリーのようです。

私たちは永遠に成長できる

本書では、「話す力」の核心を、「自分自身」であると強く主張しています。それを手に入れることがもっとも重要であるというのです。話す素材を探すこととは、新聞で良いコラムを探すことなどではなく、「自分の心と人生を掘り下げ、心の底から信じるものや情熱を発見すること」なのです。

答えは外にあるのではなく、内にあるのです。

自分自身の内には、自分も知らない自分が眠っています。発掘しましょう。数千人の「話す力」を実際に伸ばしてきたカーネギーは、こう断言しています。「深く、深く掘り下げれば、きっと見つかります。それを信じましょう」。

自分のことはよく知っていると自負する人も、この機会に、さらにその奥底を探ってみてはいかがでしょうか？　人間の意識は、巨大な潜在意識の海に浮かぶ、小さな氷山のようなものです。ちっぽけな氷山を知り尽くしているからといって、その氷山が浮かぶ無意識の大海を探求せずに、なぜ自分を知っていると断言できるのでしょうか。

もしかすると、あなたは氷山を知っているつもりでも、本当に知っているのは、実はさらにその一部、海面に突き出たほんのひとかけらに過ぎないのかもしれません。

自分の探求には終わりがありません。終わりがないからいくらでも掘っていけます。永遠の作業になるでしょう。

それは苦行でしょうか？　いいえ。それは希望です。自分の探求という終わりのない旅により、私たちは成長し続けることができます。子供の成長を見守る親は歓喜に満ちています。同じく、自分自身を永久に成長させていく過程も歓喜に満ちています。本書は、私たちを生きている限り成長の道へと導き続ける、賢明なガイドなのです。

訳者　東条健一

D・カーネギー（1888－1955）
アメリカ・ミズーリ州に生れる。
セールスマンなどの仕事を経て、
YMCAの夜間学校で「話し方」の
講座を受け持つようになる。
講座用テキストとして執筆された
本書がベストセラーに。
その後に発表された
『人を動かす』と『道は開ける』は、
ビジネス書・自己啓発書の名著として
現在も世界中で広く読み継がれている。

東条健一
作家。1993年大学卒業。
営業職、大手報道機関の記者など
を経て、現職。
著書に『リカと3つのルール』（新潮社）、
訳書にD・カーネギー著
『決定版カーネギー　道は開ける』
（新潮社）がある。

翻訳協力／月沢李歌子
装幀／新潮社装幀室

本書の印税の一部は、
社会福祉活動を行なう
優良団体に寄付されます。

一般社団法人キッズライン
発達に遅れがある子どもの療育、
勉強が苦手な子どもの学習支援。
www.kidsline.jp

NPO法人アニーこども福祉協会
児童養護施設の
子ども達へのサポート、
障がい児の自立支援活動。
aninpo.org

決定版《けっていばん》カーネギー
話《はな》す力《ちから》
自分《じぶん》の言葉《ことば》を引《ひ》き出《だ》す方法《ほうほう》

2015年8月25日 発行
2020年3月15日 5刷

著者 D・カーネギー
訳者 東条健一 とうじょう・けんいち

発行者 佐藤隆信
発行所 株式会社新潮社
〒162-8711 東京都新宿区矢来町71
電話 編集部 03-3266-5611
読者係 03-3266-5111
http://www.shinchosha.co.jp

印刷所 錦明印刷株式会社
製本所 大口製本印刷株式会社

ISBN978-4-10-506652-9 C0098

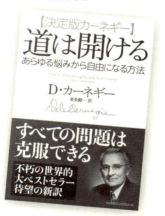